若手弁護士のための民事弁護初動対応の実務

Initial response of
civil litigation practice
for young lawyers

[弁護士]
長瀬佑志 / 長瀬威志 / 母壁明日香
YUSHI NAGASE　TAKESHI NAGASE　ASUKA HAHAKABE

日本能率協会マネジメントセンター

はしがき

　本書は、前書『新版 若手弁護士のための初動対応の実務』に続き、弁護士登録したばかりの方や、司法修習生の方に向けて執筆いたしました。
　前書『新版 若手弁護士のための初動対応の実務』では、各法律分野に分類して、初動対応時に押さえておいていただきたい留意点を整理いたしましたが、本書では、法律相談時から紛争解決までの民事弁護の各手続の過程における初動対応時に押さえていただきたい留意点を整理いたしました。

　私たち弁護士は、個人法務や企業法務における様々なトラブルに対し、適切な対応をすることが求められます。そして、このようなトラブルに適切に対応するために、様々な法律分野に関する高度な専門性が求められます。
　また、近時は、高度情報化社会や技術革新、また個人情報保護法に代表される価値観の変化等に伴い、新たな法律問題も年々招来されています。
　このように、複雑かつ多様化する法律問題とともに、私たち弁護士が担当する民事弁護の領域も、複雑化・多様化の一途を辿っています。
　一方で、司法研修所での修習期間は短縮され、司法修習生の間に実務を学ぶ機会も少なくなっていることに加え、これまでのように、OJTを通じて具体的な案件を数多く経験していくことで、各法律分野の全体像や業務の流れを徐々に理解していく、ということは難しくなってきています。
　また、近時は、インターネット上にも多くの情報が溢れており、相談者の方が事前にご自身の問題を十分に調べてくることも少なくありません。一般的な知識だけであれば、相談者の方と私たち弁護士との間の差異も縮まりつつあります。

　このような環境において、弁護士登録間もない方にとっては、法律相談を実施すること自体、大きな不安となるかもしれません。
　民事弁護を担当する上では、どのような分野であっても、法律相談を適切に行い、相談者の信頼を得て、ご依頼いただくことが出発点となります。
　そのためには、適切な法律相談を実施できる必要がありますが、法律問題が複

雑化・高度化する現在の環境では、以前と比べて法律相談の難易度が上がっているのではないかと思います。

　そこで、本書では、弁護士登録間もない方であっても、法律相談を適切に実施できるようにすることに主眼を置いて整理しています。

　また、私たち弁護士が担当する法律業務は、その影響と責任は重大であり、不適切な対応をすれば、懲戒の対象となるおそれがあります。特に、弁護士登録間もない頃において、どのような弁護活動が懲戒の対象となるのかがわからず、各対応に戸惑うことも少なくないかと思います。もっとも、私たち弁護士が懲戒請求を過度に恐れて萎縮してしまうことは、依頼者に対する適切な弁護活動の実現に支障をきたすことにもなりかねません。そこで、本書では、民事弁護における懲戒対象となりうる行為の留意点も、民事弁護の手続の流れに沿って解説いたしました。

　これから民事弁護に携わろうとする方々にとって、本書が少しでもお役に立つことができれば望外の喜びです。

　最後に、本書の執筆にあたり、株式会社日本能率協会マネジメントセンター出版事業本部の岡田茂様の貴重なご意見やご指摘を賜りましたこと、この場をお借りして厚く御礼申し上げます。

2018年6月

著者代表　弁護士　長瀬　佑志

目 次 ｜ 若手弁護士のための民事弁護 初動対応の実務
はしがき……………………………………………………………………………… i

Part 1 民事弁護の心構え …………………………………………… 001

Chapter 1 本章の目的 ……………………………………………………… 002
Chapter 2 民事弁護における弁護士の役割 ……………………………… 003
  1 法的リスクマネジメント ……………………………………………… 003
  2 法的リスクとは ………………………………………………………… 003
   （1）「取ってはいけない法的リスク」005 ／（2）「取った上でコントロールする法的リスク」005
  3 民事弁護の役割＝リスクマネジメント ……………………………… 006
Chapter 3 民事弁護において必要とされる技術・能力 ………………… 008
  1 弁護士として求められる7つの技術・能力 ………………………… 009
  2 弁護士として求められる技術・能力の高め方 ……………………… 010
   （1）INPUTとOUTPUTのバランス 011 ／（2）ジェネラリストとスペシャリストの意識 012 ／（3）委員会活動・弁護団活動等の重要性 012
  3 社会人として求められる技術・能力の高め方 ……………………… 013
   （1）傾聴→受容→共感 014 ／（2）報告・連絡・相談 015 ／（3）参考書籍 016
Chapter 4 弁護士としての成長過程 ……………………………………… 017
  1 弁護士としての成長過程 ……………………………………………… 017
   （1）仕事を教わる段階 018 ／（2）仕事を担当できる段階 018 ／（3）仕事を受任できる段階 018 ／（4）仕事を教える段階 018
  2 弁護士としての成長過程～3つの「100」………………………… 019

Part 2 訴訟前における留意点 …………………………………… 021

Chapter 1 訴訟前における留意点 ………………………………………… 022
Chapter 2 法律相談 ………………………………………………………… 023
  1 法律相談の流れ ………………………………………………………… 023
  2 お問合せ時の留意点 …………………………………………………… 024
   （1）当事者・関係者の確認 025 ／（2）相談内容の概略の確認 025 ／（3）紛争性の大小の確認 025 ／（4）緊急性の有無の確認 026 ／（5）対応方法の選別 026
  3 事前予約時の留意点 …………………………………………………… 027
   （1）相談カードの記入 028 ／（2）時系列表の作成依頼 028 ／（3）相談に関する資料の用意 028 ／（4）身分証明書の持参 030 ／（5）相談日当日の出席者の確認 030
  4 法律相談の留意点 ……………………………………………………… 031

目　次

　　（1）法律相談の目的031／（2）法律相談の心構え032／（3）法律相談の「型」
　　〜プレゼンテーション034
　　5　委任契約締結時の留意点 …………………………………………………… 037
　　（1）弁護士に依頼することのメリットの説明038／（2）弁護士に依頼することの
　　デメリットの説明039／（3）弁護士対応以外の解決方法の提示040／（4）委任
　　状・委任契約書作成時の留意点041／（5）委任契約の締結を慎重に検討すべき
　　場合048

Chapter 3　**方針選択** ……………………………………………………………… 052
　　1　紛争発生から解決までの流れ ……………………………………………… 052
　　2　紛争解決方法の種類 ………………………………………………………… 053
　　（1）示談交渉054／（2）ADR／調停054／（3）民事保全054／（4）訴訟055
　　3　紛争解決方法のメリット・デメリット …………………………………… 055
　　（1）示談交渉056／（2）ADR／調停056／（3）民事保全057／（4）訴訟057
　　4　原告側の留意点 ……………………………………………………………… 058
　　（1）方針選択の主導権058／（2）ゴールの明確化058
　　5　被告側の留意点 ……………………………………………………………… 058
　　（1）方針選択の主導権は限られる058／（2）被告側から代理人を選任する方法
　　059／（3）債務不存在確認訴訟等の提起059

Chapter 4　**示談交渉** ……………………………………………………………… 060
　　1　示談交渉の留意点 …………………………………………………………… 060
　　（1）示談交渉の流れ060／（2）交渉の方法061／（3）示談交渉の心構え067／
　　（4）合意書の取り交わし068／（5）公正証書の作成069
　　2　原告側の留意点 ……………………………………………………………… 069
　　3　被告側の留意点 ……………………………………………………………… 070

Chapter 5　**ADR／調停** ………………………………………………………… 071
　　1　ADR／調停とは …………………………………………………………… 071
　　（1）ADR071／（2）民事調停071／（3）家事調停071
　　2　ADR／調停の選択のポイント …………………………………………… 072
　　（1）交渉では解決しない場合073／（2）経済的負担をかけずに解決したい場合
　　073／（3）早期に解決したい場合073／（4）証拠が不十分ではあるが権利主張
　　をする必要がある場合073／（5）相手方が依頼者と親密な関係である場合073／
　　（6）相手方が信用のある会社である場合073
　　3　民事調停の流れ ……………………………………………………………… 074
　　（1）民事調停の申立074／（2）調停の手続076／（3）調停の終了077
　　4　原告側の留意点 ……………………………………………………………… 078
　　5　被告側の留意点 ……………………………………………………………… 078

Chapter 6　**民事保全** ……………………………………………………………… 079
　　1　民事保全とは ………………………………………………………………… 079

2　民事保全の分類 ·· 079
　　3　民事保全の特徴 ·· 081
　　　（1）付随性 081 ／（2）暫定性 081 ／（3）緊急性 081 ／（4）密行性 081 ／
　　　（5）決定主義 082 ／（6）審尋 082 ／（7）疎明 082
　　4　仮差押え ·· 083
　　　（1）仮差押えとは 083 ／（2）仮差押えの対象 083 ／（3）仮差押命令の効果 083
　　　／（4）仮差押命令申立て 084
　　5　仮処分 ·· 085
　　　（1）係争物に関する仮処分とは 085 ／（2）仮の地位を定める仮処分とは 086 ／
　　　（3）仮処分命令申立て 087
　　6　民事保全のメリット・デメリット ······································ 089
　　　（1）民事保全のメリット 089 ／（2）民事保全のデメリット 089
　　7　債権者側の留意点 ··· 090
　　8　債務者側の留意点 ··· 090

Part 3　訴訟における留意点 ·· 091

Chapter 1　本章の目的 ·· 092
Chapter 2　総論 ·· 093
　　1　訴訟と弁護士倫理 ··· 093
　　2　訴訟手続の留意点 ··· 094
　　　（1）準備書面等の事前提出 094 ／（2）証拠の原本提出・原本確認の重要性 096
　　　／（3）期日間の準備事項メモの作成 097 ／（4）訴訟記録の閲覧・謄写の重要性
　　　097 ／（5）期日報告書の作成の重要性 098 ／（6）依頼者に対する訴訟の経過報
　　　告・打合せ 100
Chapter 3　第一審 ··· 101
　　1　第一審の流れ ·· 101
　　2　訴訟提起前の準備事項 ·· 102
　　　（1）原告側 102 ／（2）被告側 106
　　3　訴えの提起 ·· 107
　　　（1）原告側 107 ／（2）被告側 112
　　4　訴えの審理 ·· 113
　　　（1）第1回口頭弁論期日 113 ／（2）その後の弁論期日（弁論準備手続期日等）
　　　113 ／（3）証拠調べ期日 114 ／（4）訴訟の終了 115
Chapter 4　控訴審 ··· 117
　　1　控訴審の流れ ·· 117
　　2　控訴の提起 ·· 118
　　　（1）控訴人側 118 ／（2）被控訴人側 119

目　次

　　3　控訴審の審理 ………………………………………………………… 119
　　　（1）第1回口頭弁論期日 *119* ／（2）その後の期日 *120*
　　4　控訴審の終了 ………………………………………………………… 121
　　　（1）和解 *121* ／（2）判決 *121*

Chapter 5　上告審 …………………………………………………………… 122
　　1　上告審の流れ ………………………………………………………… 122
　　2　上告提起 ……………………………………………………………… 123
　　　（1）上告人側 *123* ／（2）被上告人側 *123*
　　3　上告審の審理 ………………………………………………………… 124
　　　（1）期日前 *124* ／（2）口頭弁論期日 *124*
　　4　上告審の終了 ………………………………………………………… 124
　　　（1）和解 *124* ／（2）判決 *124*

Part 4　訴訟後における留意点 ……………………………………… 127

Chapter 1　本章の目的 ……………………………………………………… 128
Chapter 2　強制執行・担保権の実行 …………………………………… 129
　　1　はじめに ……………………………………………………………… 129
　　　（1）強制執行・担保権の実行の概要 *129* ／（2）債権執行手続の流れ *131* ／（3）不動産執行手続の流れ *134*
　　2　弁護士の役割 ………………………………………………………… 138
　　　（1）強制執行手続による回収の見通しの検討 *138* ／（2）強制執行手続の流れの説明 *138* ／（3）強制執行手続の対応 *138*
　　3　各契約類型の留意点 ………………………………………………… 139
　　　（1）売買契約（動産）*139* ／（2）金銭消費貸借契約 *140* ／（3）不動産売買・賃貸借契約 *140* ／（4）ソフトウェア開発委託契約 *141* ／（5）労働契約 *141*

Chapter 3　訴訟費用額確定処分 …………………………………………… 143
　　1　総論 …………………………………………………………………… 143
　　2　訴訟費用額確定処分の申立て ……………………………………… 144
　　　（1）申立ての時期 *144* ／（2）申立書等の提出先 *144* ／（3）提出書類等 *144*
　　3　訴訟費用額確定処分後の対応 ……………………………………… 148

Chapter 4　精算等 …………………………………………………………… 149
　　1　はじめに ……………………………………………………………… 149
　　2　委任契約終了時の流れ ……………………………………………… 150
　　　（1）委任事務の終了における留意点 *151* ／（2）中途解約における留意点 *151* ／（3）辞任における留意点 *152*
　　3　委任契約終了時の対応 ……………………………………………… 152
　　　（1）弁護士費用の精算 *152* ／（2）預かり資料の返却 *152* ／（3）追加契約の検

討 153／（4）終了・辞任通知書の送付 153

Part 5　懲戒手続における留意点 ……………………………………………… 155
Chapter 1　本章の目的 …………………………………………………………… 156
Chapter 2　懲戒制度の概要 ……………………………………………………… 157
1　懲戒制度の沿革 …………………………………………………………… 157
2　懲戒を受ける場合 ………………………………………………………… 158
（1）弁護士法違反 158／（2）会則違反 158／（3）所属弁護士会の秩序・信用の侵害 158／（4）品位を失うべき非行 159
3　懲戒請求権者 ……………………………………………………………… 159
4　懲戒手続の流れ …………………………………………………………… 159
（1）懲戒請求 161／（2）綱紀委員会による調査 161／（3）懲戒委員会による審査 161／（4）異議の申出等 161／（5）官報等による公告 162
5　懲戒の種類 ………………………………………………………………… 162
（1）戒告 162／（2）業務停止 162／（3）退会命令 163／（4）除名 163
6　懲戒請求事案件数の推移 ………………………………………………… 164
Chapter 3　懲戒事例の分類と予防策 …………………………………………… 165
1　受任方法型 ………………………………………………………………… 165
（1）懲戒事例 165／（2）受任方法型の留意点 166
2　弁護士報酬型 ……………………………………………………………… 168
（1）懲戒事例 168／（2）弁護士報酬型の留意点 169
3　利益相反型 ………………………………………………………………… 170
（1）懲戒事例 170／（2）利益相反型の留意点 170
4　事件処理遅滞型 …………………………………………………………… 172
（1）懲戒事例 172／（2）事件処理遅滞型の留意点 173
5　調査不足・技能不足型 …………………………………………………… 174
（1）懲戒事例 174／（2）調査不足・技能不足型の留意点 174
6　相手方への過剰対応型 …………………………………………………… 175
（1）懲戒事例 175／（2）相手方への過剰対応型の留意点 176
7　違法行為関与型 …………………………………………………………… 177
（1）懲戒事例 177／（2）違法行為関与型の留意点 178
8　守秘義務違反型 …………………………………………………………… 179
（1）懲戒事例 179／（2）守秘義務違反型の留意点 179
9　委任契約精算型 …………………………………………………………… 181
（1）懲戒事例 181／（2）委任契約精算型の留意点 181
10　非弁提携型 ………………………………………………………………… 182
（1）懲戒事例 182／（2）非弁提携型の留意点 183

索引 ……………………………………………………………………………………… 185

民事弁護の心構え

Part 1

Chapter 1 本章の目的

1 民事弁護における弁護士の役割の理解
2 民事弁護において必要とされる技術・能力の理解
3 弁護士としての成長過程の理解

　弁護士は、当事者その他関係人の依頼又は官公署の委嘱によって、訴訟事件、非訟事件及び審査請求、異議申立て、再審査請求等行政庁に対する不服申立事件に関する行為その他一般の法律事務を行うことを職務とします（弁護士法3条）。弁護士の職務から刑事弁護を除いたその他の活動が民事弁護に属するということができます。

　このように、民事弁護の領域は非常に多岐にわたっている上、高度情報化社会の到来や、フィンテックやAI等に代表される技術革新によって、新たな法的問題が招来されています。

　このような時代の変化とともに、弁護士が増員されたことによって、弁護士が果たすべき役割についても、従前とは異なるものが要求されるようになってきています。具体的には、これまで弁護士に求められてきた役割は、紛争の事後的解決であったところ（本書では「臨床法務」と位置付けています）、紛争発生の予防（本書では「予防法務」と位置付けています）、さらには法務を駆使してより戦略的な事業運営等を可能にすること（本書では「戦略法務」と位置付けています）、までも求められるようになってきています。

　このように、高度情報化社会や技術革新等という外的要因と、弁護士の増員という内的要因によって、私たち弁護士が民事弁護の領域において果たすべき役割も変わってきています。

　本章では、民事弁護における弁護士の役割を整理するとともに、多様化する民事弁護の分野において弁護士に必要とされる技術・能力の習得についてご説明した上で、弁護士として成長するための過程について、ご説明いたします。

　本書が、これから弁護士業務に取り組む方々の一助となれば幸いです。

Chapter 2 民事弁護における弁護士の役割

1 法的リスクマネジメント

　価値観の多様化・高度情報化・技術革新が進む現代社会において、日常生活や企業活動に伴う法律問題も日々拡大しています。

　そして、法律問題の拡大に伴い、法規制も年々改正されることとなり、法律相談のニーズも多種多様に拡大しています。個人情報を巡るトラブル、インターネット上の誹謗中傷、顧客・取引先等とのトラブル・クレーム・訴訟等への対応等々——具体的な法律相談のニーズを挙げれば際限がありません。

　このような多種多様な法律相談のニーズに応えることが、本書の主役である弁護士の役割であるといえます。

　そして、弁護士が果たすべき役割とは、これら日々の日常生活や企業活動に伴い不可避的に発生する法的リスクのコントロール（以下「**法的リスクマネジメント**」といいます）にある、といえます。

2 法的リスクとは

　それでは弁護士がコントロールすべき「法的リスク」とは、具体的にはどのようなリスクなのでしょうか。

　典型的な法的リスクとしては、①取引や契約が法令に違反するリスクが挙げられます（以下「**法令リスク**」といいます）。そして、法令リスクには、単に契約等が無効になるといった私法上の効力が否定されるにとどまらず、②行政処分等を受けるおそれ（以下「**当局リスク**」といいます）もあります。

　このような法令リスク・当局リスク以外にも、例えば、③不用意な交渉に伴う契約締結上の過失に基づく責任や、交渉過程における秘密漏洩のおそれ、最終契約締結にまで至らないおそれなど、契約交渉過程で生じるリスク（以下「**契約リスク**」といいます）や、④相手方から訴えられるリスクが挙げられます（以下「**訴訟リスク**」といいます）。また、訴訟リスクのうち、裁判所が自身の解釈と異

> 1. **法令リスク**
>   ▶取引や契約が法令に違反するリスク
> 2. **当局リスク**
>   ▶規制当局から行政処分等を受けるおそれ
> 3. **契約リスク**
>   ▶契約交渉過程で生じるリスク
> 4. **訴訟リスク**
>   ▶相手方から訴えられるリスク
> 5. **敗訴リスク**
>   ▶敗訴ないし不利を強いられるリスク
> 6. **レピュテーショナルリスク**
>   ▶レピュテーション（名声）を毀損するリスク

なる判断を下すことにより、⑤自身が敗訴ないし不利を強いられるリスク（以下「敗訴リスク」といいます）も法的リスクの1つに含めることができます。

さらに、例えば世間の耳目を集める事件において訴えられた場合、⑥自身のレピュテーション（名声や社会的評価）に重大な影響をもたらすおそれ（以下「レピュテーショナルリスク」といいます）も法的リスクに含めることが可能でしょう。

これら①法令リスク、②当局リスク、③契約リスク、④訴訟リスク、⑤敗訴リスク、⑥レピュテーショナルリスクを総括すると、法的リスクとは、一般に、「法令や契約等に反すること、不適切な契約を締結すること、その他の法的原因により有形無形の損失を被るリスク」のことをいい、日常生活や企業活動に伴い不可避的に生じるオペレーショナルリスクの1つといえます。

そして、これら法的リスクは、そのリスクに伴う不利益の程度・コントロールの可能性等に応じて、「取ってはいけない法的リスク」と、「取った上でコントロールする法的リスク」の2つに分類することができます。

Part 1
民事弁護の心構え

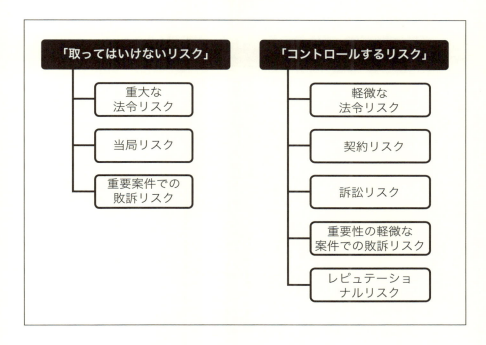

(1)「取ってはいけない法的リスク」

「取ってはいけない法的リスク」とは、<u>当該法的リスクが現実化した場合に、容易に回復しがたい重大なダメージをもたらすおそれのある法的リスク</u>をいいます。

具体的には、刑事罰を伴うような重大な法令リスクや、行政処分を伴う当局リスク、大規模訴訟等の重要案件に係る敗訴リスク等がこれに該当します。

(2)「取った上でコントロールする法的リスク」

これに対して、「取った上でコントロールする法的リスク」とは、<u>当該法的リスクを負担したとしても、その現実化又は影響を一定程度コントロールしうる法的リスク</u>をいいます。

具体的には、私法上の効力が否定されるにとどまるような軽微な法令リスク、契約リスク、訴訟リスク、重要性の低い案件に係る敗訴リスク、及びレピュテーショナルリスクがこれに該当します。

例えば、契約リスクについては、相手方との力関係等に鑑みて、契約書上、自身のみが一方的に守秘義務を負担せざるを得ない場合がありますが、その場合であっても守秘義務の対象となる「秘密情報」の範囲を限定すること等によってその影響を相当程度限定することは可能です。また、訴訟リスクについては、訴え提起自体は第三者の意思にかかるためコントロールできないものの、訴訟提起された場合に早期に和解で解決すること等によって、その影響をコントロールすることは可能です。

　このように、「取った上でコントロールする法的リスク」については、当該リスク自体を必ず回避しなければならないというものではなく、むしろ場合によっては積極的にリスクを取った上で、その影響を軽減すべくコントロールすることが求められるものということができます。

3　民事弁護の役割＝リスクマネジメント

臨床法務
▶ 法的リスクが現実化した際に、損失や悪影響を抑えるための法的対応

予防法務
▶ 具体的なトラブルや損失が発生する前に法的リスクに対して必要な手当を講じること

戦略法務
▶ 法務知識を意図的に経営戦略等に活用していく積極的な法務対応

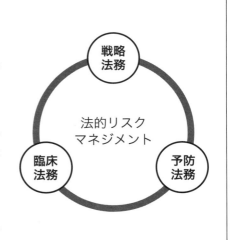

　このように、一口に「法的リスク」といっても、「取ってはいけない法的リス

Part 1 民事弁護の心構え

ク」か、それとも「取った上でコントロールする法的リスク」かによって、求められる対応が異なるといえます。

したがって、弁護士が民事弁護において果たすべき役割とは、<u>法的リスクの所在・規模・性質を適時かつ正確に特定・評価・モニタリングすることにより、「取ってはいけない法的リスク」と「取った上でコントロールする法的リスク」とに峻別し、当該リスクの種類に応じて適切に対応・管理すること</u>、ということができます。

そして、法的リスクマネジメントは、大きく①「臨床法務」、②「予防法務」、③「戦略法務」の3つの見地から分類することができます。これらはそれぞれ独立した場面で問題になるものの、相互に関連し、影響し合う関係にあります。

個人法務の場面では、①「臨床法務」の役割が中心となりますが、企業法務を担当する場合には、②「予防法務」、③「戦略法務」の観点からも弁護士が関与すべき役割は多岐にわたることになります。

① 「臨床法務」──事後的解決

「臨床法務」とは、法的リスクが現実化した際に、損失や悪影響を抑える、解決するための法的対応をいいます。

個人間、企業間のトラブルであっても、対立が深刻化した場合、訴訟等まで発展することがありますが、このようにトラブルが顕在化した際に、事後的解決を図る役割が求められます。

② 「予防法務」──事前防止措置

「予防法務」とは、具体的なトラブルや損失が発生する前に法的リスクに対して必要な手当を講じることをいいます。

契約交渉等が典型例ということができます。

③ 「戦略法務」──経営戦略等

「戦略法務」とは、法務知識を意図的に経営戦略等に活用していく積極的な法務対応をいいます。具体的には、法令を遵守しつつ、その範囲で最大限自社に有利な新商品・新スキームを開発したり、既存の商品にはない、顧客にとってもメリットのある提案活動を行ったりすることをいいます。

Chapter 3 民事弁護において必要とされる技術・能力

弁護士として求められる7つの技術・能力

① 事件を適切に把握する技術
② 事件解決について具体的に見通しをつけることができる技術
③ 当事者の利益にかなう法律文書作成の技術
④ 訴訟における立証技術
⑤ 依頼者との信頼関係を形成する技術
⑥ 相手方との交渉技術
⑦ 弁護士活動の基礎を確立し危険を回避するための技術

弁護士として求められる技術・能力の高め方

☐ INPUTとOUTPUTのバランス
☐ ジェネラリストとスペシャリストの意識
☐ 委員会活動・弁護団活動等の重要性

社会人として求められる技術・能力の高め方

☐ 傾聴→受容→共感
☐ 報告・連絡・相談
☐ 「人を動かす」(デール・カーネギー著)

Part 1
民事弁護の心構え

1　弁護士として求められる7つの技術・能力

　さきほども申し上げたように、民事弁護の領域は非常に広い一方、各領域の特殊性も強く、その技術や知識の修得は容易ではありません。

　一日も早く民事弁護の能力を高めていくためには、個別の領域の特殊性だけにとらわれず、民事弁護全般に共通して求められる技術・能力を理解し、高めていくことが大切です。

　民事弁護全般に求められる技術・能力を整理すれば、以下の7つに分類できます（司法研修所編『民事弁護の手引〔7訂〕』（日本弁護士連合会、2005年）6頁以下）。

① 事件を適切に把握する技術
　☐ 事実調査能力
　☐ 法令及び判例の調査・分析能力
② 事件解決について具体的に見通しをつけることができる技術
　☐ 手続法（訴訟法・保全・執行・倒産法等）についての基本的な理解
　☐ 手続法や関連する制度とその具体的な運用についての理解
③ 当事者の利益にかなう法律文書作成の技術
　☐ 文書表現能力（説明力・説得力）
　☐ 様々な法律文書（訴状・準備書面・契約書等）の機能や役割の理解
④ 訴訟における立証技術
　☐ 各種の証拠収集技術
　☐ 訴訟上の尋問技術
⑤ 依頼者との信頼関係を形成する技術
　☐ コミュニケーション能力
　☐ 人間の多様性や様々な経験則への理解と洞察
⑥ 相手方との交渉技術
　☐ 様々な紛争についての理解と洞察
　☐ 各種の紛争解決の技法の理解と修得
⑦ 弁護士活動の基礎を確立し危険を回避するための技術

> - ☐ 弁護士倫理についての具体的理解
> - ☐ 弁護士活動を成り立たせ活動を順調に営むための技術

　民事弁護では、この7つの技術・能力が求められます。

　そして、この7つの技術・能力を大別すれば、法律専門家である弁護士として求められる技術・能力（①ないし④）と、社会人一般に求められる技術・能力（⑤ないし⑦）に分類できます。

　この7つの技術・能力をどうやって高めていくのかを意識していく必要があります。これらの技術・能力の高め方は、その性質に応じて次のように整理することができます。

2　弁護士として求められる技術・能力の高め方

> ### 1　INPUTとOUTPUTのバランス
> - ☐ 事案処理だけに追われない
> - ☐ 定期的な勉強会・書籍の定期購読の持続
>
> ### 2　ジェネラリストとスペシャリストの意識
> - ☐ 1つの分野に特化するかどうかはニーズ（市場規模）次第
> - ☐ 真のスペシャリストとなるためにはジェネラリストの要素も必要
>
> ### 3　委員会活動・弁護団活動等
> - ☐ 机上では学ぶことができない実務を知る絶好の機会
> - ☐ 共同受任のチャンス
> - ☐ ノウハウは無形かつ貴重な財産（1件の経験が今後の100件の糧）

Part 1
民事弁護の心構え

（１）INPUTとOUTPUTのバランス

　弁護士は、依頼を受けた案件に対応するために、依頼者と打合せをしながら相手方や裁判所と交渉するほか、書面を作成したり現地調査をしたりと、多くの業務をこなさなければなりません。また、弁護士によっては、依頼案件の処理だけでなく、新たな顧客の獲得のための営業をする方もいます。

　このように、弁護士は多忙であることが通常であるため、どうしても目先の案件への対応ばかりに追われてしまいがちです。受験生活になぞらえれば、ちょうど答練ばかりに追われているような状況に似ているといえるかもしれません（私は、この状況を「OUTPUT」と呼んでいます）。

　勿論、各案件を処理するための「OUTPUT」であっても、その過程で案件の解決に必要な資料や事実関係等の調査を行うことで新たに得ることができるものも多く、成長にプラスであることは間違いありません。新人弁護士の教育という観点でも、実際に業務に携わること（OJT）は即効性もあり、非常に有効です。

　もっとも、「OUTPUT」ばかりに追われると、どうしても各法律分野の体系的な理解を得ることは難しくなります。また、これまでに取り組んだことのない新たな分野に着手する時間をつくることも難しくなり、弁護士としての幅を拡げることも難しくなります。

　そこで、意識的に「INPUT」の時間をつくるべきといえます。限られた時間にはなりがちですが、定期的に書籍を読んだり、外部研修を受講したりする時間を確保するよう心がける必要があります。特に、弁護士登録して間もない頃には、日本弁護士連合会が開催している各種研修に参加することがお薦めです。中でも、eラーニング研修は、インターネットに接続できれば視聴が可能ですから、時や場所を選ばず、非常に便利です。スマートフォン等を利用して、移動中に流し聴きをしているだけでも意外に効果があります。

　「INPUT」と「OUTPUT」のバランスが重要であることは、司法試験の受験生活を思い返していただければイメージしやすいかと思います。基本書やテキストの読み込み・暗記をする「INPUT」と、答練や模試などを受講する「OUTPUT」の組み合わせのイメージです。

（2）ジェネラリストとスペシャリストの意識

　ところで、最近は弁護士も増え、どうしても弁護士間の競争は避けられない状況となっています。

　このように、弁護士間の競争が激しさを増す状況の中、「特定の分野に強いスペシャリストになった方がよいのではないか」と考える方もいらっしゃると思います。一方で、「弁護士である以上、様々な分野に対応できるジェネラリストになりたい」と考える方も少なくないのではないでしょうか。

　たしかに、短期的な競争力の獲得という点では、スペシャリストになることを優先することも大切です。そして、特定の分野でスペシャリストとなった後、1つひとつ、他の分野に手を広げていくという、「一点突破全面展開」の戦略は考えられます。また、すべての分野で高い水準を保つことは困難ですから、特定の分野に絞っていく必要は否定できません。

　では、ジェネラリストの方向性はこれからの時代には合っていないかというと、必ずしもそうとは言い切れません。例えば、入り口では交通事故や離婚等、特定の分野の相談であっても、実際に依頼案件を進めていくと、債務整理や労働問題、刑事事件等、その他の分野の問題が関わってくることも少なくありません。幅広い法律分野に関する最低限の知見を持ち合わせていなければ、全体の方針を見誤ってしまうことさえ起こりかねません。民事弁護を担当する以上、様々な領域の法分野について、少なくとも全体の方針を見誤らない程度の知見を持ち合わせていなければ、本当の意味での特定の分野のスペシャリストとはいえないでしょう。

　このように考えると、弁護士登録した最初の数年はジェネラリストとして幅広い分野を経験しながら、徐々にご自身の適正を見極めていき、ゆくゆくはスペシャリストとして特定の分野の案件を意識的に多く担当するようにしていくというキャリアを辿っていくことが、望ましい成長過程といえるのではないでしょうか。

（3）委員会活動・弁護団活動等の重要性

　また、弁護士としての技術・能力を高める方法として、各種の委員会活動や弁護団活動等に積極的に参加することが挙げられます。

Part 1
民事弁護の心構え

　弁護士としての技術や能力は依然として属人的・職人的要素が強いといえます。いわゆる体系書や基本書等の書籍を読み込んでも、実際の案件処理にあたって注意すべき点などは学ぶことができないことは数多くあります。このような市販の書籍等で学ぶことができないことは、第一線でご活躍される先輩弁護士から学んでいく必要があります。

　そして、各種の委員会や弁護団活動は、先輩弁護士から弁護士として必要な技術や能力、そして心構えを学ぶ絶好の機会になります。

　日常の仕事で追われてしまいがちですが、委員会活動や弁護団活動等には、懇親会も含め、できる限り参加するようにしましょう（ちなみに、懇親会での「飲みニケーション」は、社会人としてのコミュニケーション能力の重要な1つでもあります）。

3　社会人として求められる技術・能力の高め方

1　傾聴→受容→共感

（1）　傾聴：相談時の姿勢から

（2）　受容：まずは否定しない

（3）　共感：相槌のセリフ回し

2　報告・連絡・相談

（1）　報告・連絡・相談の重要性

（2）　具体的な方法の使い分け

　一方、弁護士は、常に人と接することから、法律専門家としての技術・能力だ

けでなく、社会人として求められる技術・能力もあります。

　社会人として求められる技術・能力は、一言で言えば「コミュニケーション能力」といえます。特に、弁護士として相談者と接する際には、以下の２点を意識する必要があります。

（１）傾聴→受容→共感

　弁護士は、事実関係をできる限り正確に把握した上で、法的見解を検討します。法的見解を検討する前提として、できる限り正確な事実関係を把握する必要がありますが、正確な事実関係を把握する一番の手がかりは、相談者自身からの事情聴取になります。

　もっとも、相談者は、はじめから弁護士にすべての事実を話してくれるわけではありません。相談者がうまく事実関係を整理することができなかったり、弁護士に気兼ねして思うように話すことができなかったりすることもあります。

　相談者から十分に事実関係を確認することができるようになるためには、相談者からの信頼を得る必要があります。

　そして、相談者から信頼を得るコミュニケーションのポイントは、「傾聴→受容→共感」の３つのステップを踏むことにあります。

　相談者の話をただ漫然と聞くのではなく、相談者の心情に配慮しながら、心を傾けてまずは話を聴くことに集中しましょう（①「傾聴」のステップ）。

　そして、相談者の話を聴きながら、相談者の悩みや苦しみを受け入れていきましょう。このときは、相槌を打つセリフを決めておいてもよいでしょう。私の場合は、「ええ」「はい」だけではなく、「そんなことがあったのですか」など、より踏み込んだ印象を与えるような言葉を意識的に選ぶようにしています（②「受容」のステップ）。

　最後に、相談者の悩みや苦しみに共感を示していきましょう。このときも、単に「そうですか」などではなく、「それは大変でしたね」等と具体的な相槌を打つとよいでしょう（③「共感」のステップ）。

　この３つのステップを踏んだ場合、多くの相談者は、話をしっかりと聴いてくれた弁護士に対し、「この人ならば話を聴いてくれるのではないか」という安心を感じてくれます。この安心があるからこそ、人には話しにくいようなことも、少しずつ話してくれる関係を築くことができていきます。

Part 1
民事弁護の心構え

　患者を見ずにカルテを見る医者が信頼されないように、法律問題にばかりとらわれ、目の前にいる相談者を見ない弁護士も信頼を得ることは難しいのではないでしょうか。

　なお、「共感」するといっても、相談者に迎合することや、言いなりになることとは異なります。相談者の希望する解決案が法的には難しい場合には、法的に実現することは難しいという見通しを専門家として伝えなければなりません。相談者からすれば、自分の希望を否定するような見解は受け入れ難いときも少なくありません。この場合には伝え方に注意しなければ、相談者の不満が相談を担当した弁護士へのクレームとなって返ってくることもあります。

　一方で、相談者の意に反する見通しを伝える場合にも、その前提として、相談者の悩みを傾聴し、受容した上で共感を示しておけば、弁護士の意見を受け入れてくれる信頼関係の土台が相談者との間に形成されていきます。むしろ、相談者の意向に沿うことができない回答が予想されるときほど、「傾聴→受容→共感」の3つのステップを踏むことは大切といえます。

(2) 報告・連絡・相談

　「傾聴→受容→共感」の3つのステップは、特に初回の法律相談を担当するときに大切なことですが、継続的な相談や依頼案件を担当する際には、「報告・連絡・相談」というコミュニケーションを維持することがとても大切です。

　多くの依頼者は、これまでに弁護士に依頼したこともなければ、相談さえしたことがありません。弁護士に依頼した後、どのように手続が進んでいくのか、また裁判はどのように進んでいくのか、何もわからず、不安な日々を過ごしています。

　そこで、交渉や裁判等で何らかの進展があった場合、できる限りその都度依頼者には報告をするように心がけましょう。

　また、特に進展がなくとも、一定期間（1ヵ月に1回等）ごとに連絡をとることも大切です。

　証人尋問や和解など、裁判手続の大詰めの場面では、事前に打ち合わせを行い、しっかりと依頼者との間で意見をすり合わせができるように相談しておくことも重要です。

　弁護士は、依頼者だけでなく、相手方や裁判所との対応もしなければならない

ため、つい忙しさにかまけて依頼者への報告や連絡等を怠りがちです。ですが、「報告・連絡・相談」という一連のコミュニケーションこそ、依頼者との信頼関係を維持し、さらに深めていくための大切な過程です。なかなか忙しくてその時間がとれない時もありますが、依頼者からの信頼を得るためにも、決して疎かにしないようにしましょう（私はどうしても依頼者とお話する時間をとることができない場合には、簡単な経過を整理したお手紙やFAXを送るようにしています）。

（3）参考書籍

　なお、このような社会人として求められる技術・能力を学ぶ書籍としては、『人を動かす』（デール・カーネギー著）がおすすめです。

　随分と昔の書籍ではありますが、自己啓発本のベストセラーでもあり、対人関係の本質を学ぶことができます。ぜひご一読をお勧めします。

Chapter 4 弁護士としての成長過程

1 弁護士としての成長過程

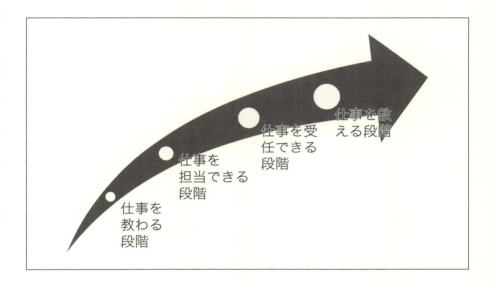

仕事を教わる段階 / 仕事を担当できる段階 / 仕事を受任できる段階 / 仕事を教える段階

　前記のとおり、弁護士として求められる技術・能力は多岐にわたっています。

　弁護士は、法律専門家であると同時に、事業主でもある以上、法的技術だけでなく、適切に依頼を受けることができる事務所を運営する能力も求められます。

　これから弁護士を志す方や、また弁護士登録をして間もない方にとって、弁護士として求められる技術・能力を適切に習得することができるか、不安に思われる方もいらっしゃるかもしれません。

　私自身も、弁護士登録した直後は、諸先輩方のように弁護士として活動することができるのか、不安ばかりでした。

　本書を執筆している現在、弁護士登録した直後から今日までを振り返ると、弁護士としての成長過程は、4つの段階に整理することができると思います。

(1) 仕事を教わる段階

　弁護士登録した直後の場合、多くの方は法律事務所に所属し、諸先輩方から指導を受けて弁護士業務を覚えることになるかと思います。

　法律事務所に入所した直後は、まずは「仕事を教わる段階」になります。この段階では、諸先輩方の受任案件の進め方はもちろんのこと、法律相談時の説明方法、依頼の受け方、そして依頼の断り方までも含めて、すべてを吸収するようにしましょう。

(2) 仕事を担当できる段階

　次に、弁護士として、担当案件を単独で責任をもって担当できる段階へと移行することになります。

　この段階では、代表弁護士や先輩弁護士から依頼された案件を、一人でハンドリングし、解決まで導く技術・能力が求められます。

(3) 仕事を受任できる段階

　次に、ご自身の名前や実績、能力によって依頼を受けることができる段階に移行することになります。

　ご自身の名前で依頼を受けることができるようになるためには、様々な会合等に出席して認知してもらう方法もあれば、特定の分野で実績を上げたり、これまでの案件対応を評価されて別の相談者をご紹介いただいたりするという方法もあるでしょう。

　弁護士は、法律の専門家であると同時に、事業主でもありますので、ご自身で依頼を受けることができるかどうかは、弁護士としての継続的に活動することの成否を分ける要素となります。

(4) 仕事を教える段階

　最後に、後輩弁護士や事務局員へ、仕事を教える段階に移行することになります。

　仕事を教えることができるかどうかは、相手に業務内容を理解してもらった上で、再現してもらうという、ご自身で仕事を対応することができるかどうかとい

う能力とは別の要素が求められます。

この段階に移行した場合には、所属する法律事務所での共同経営者（パートナー）や、独立を目指すことも視野に入ってくるかと思います。

2　弁護士としての成長過程〜3つの「100」

弁護士の成長過程は先の4つの段階に整理することができるかと思いますが、各段階へと移行するにあたり、定性的指標（「●分野で第一人者になる」「●を中心に担当する」等）だけではなく、定量的指標も設定するとよいでしょう。

一例ではありますが、私たちの法律事務所では、①法律相談100件（「仕事を教わる段階」から「仕事を担当できる段階」へと移行する目安）、②受任案件100件（「仕事を担当できる段階」から「仕事を受任できる段階」へと移行する目安）、③解決件数100件（「仕事を受任できる段階」から「仕事を教える段階」へと移行する目安）、を定量的指標として設定しています。

法律相談を100件ほど経験することによって、相談者が悩むポイントやこの悩みに対する適切なアドバイスの傾向、そして今後の方針選択の見通しを身につけることが可能となります。

また、法律相談からご依頼に至った案件を100件ほど担当することによって、

具体的な案件を担当する経験を重ねることができるとともに、案件の担当を通じて得た知識や人脈を通じて、新たな案件のご依頼へとつながっていくことができます。

そして、ご依頼案件を100件ほど解決することによって、解決までのポイントを具体的に把握することができ、後輩の弁護士や事務局員に対しても、案件対応上の注意点を指導することができるようになります。

私たちの法律事務所では、この3つの「100」という定量的指標を設定した上で、新人弁護士が1日も早くこの3つの「100」を達成できるように指導することにしています。

上記の定量的指標は、あくまでも私たちの法律事務所での一例に過ぎません。また、担当する法分野によっても、このような数値設定が現実的ではないこともあるかと思います。

もっとも、弁護士として成長したいと漠然と考えるだけでは、弁護士登録をしてから数年すると、方向性が不明確になることもあります。弁護士として、どのような方向で成長していくことを志すのかを明確にするためにも、定性的指標だけではなく、定量的指標も取り入れることも検討してみてください。

訴訟前における留意点

Part 2

Chapter 1 訴訟前における留意点

1　法律相談～委任契約締結までの留意点の理解
2　方針選択上の留意点の理解
3　訴訟前段階における各解決方法の留意点の理解

　弁護士が担当する法律業務は、法律相談を行い、相談内容に応じた解決方法の提案を踏まえ、委任契約を締結することで開始となります。
　弁護士が民事弁護業務に対応するためには、法律相談において、事実関係を正確に把握し、適切な法的見解を伝えた上で、弁護士に依頼する必要性を相談者に理解してもらうという過程を経ることになります。
　そして、法律相談を実施する前段階においても、利益相反関係の確認ができているのか、事前準備事項について正しく伝えることができているのか、そもそも法律相談に案内することが適切といえるのか等、検討すべき点は多々あります。
　また、法律相談についても、相談者に対し、適切な法的見解を伝えるためにも、複数の解決方法の中から、当該相談事案について、最適な解決方針を提示することが求められます。
　したがって、適切な法律相談を実施するためには、各解決方針のメリット・デメリットを理解しておく必要があります。
　本章では、私たち弁護士が、訴訟手続による解決方針を選択する前段階として、法律相談の実施から委任契約締結までの留意点、並びに方針選択上の留意点及び訴訟前段階における各解決方法の留意点について解説します。

Chapter 2 法律相談

1 法律相談の流れ

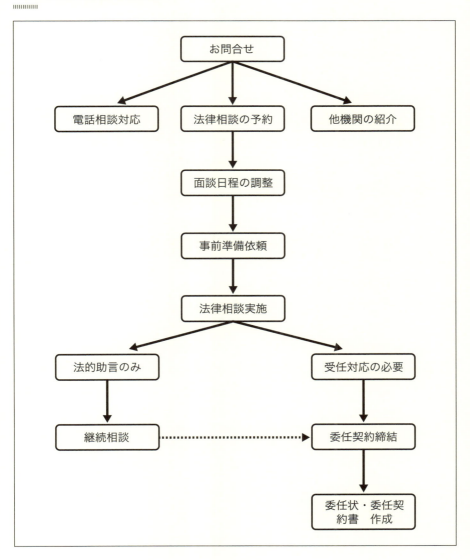

私たち弁護士が担当する法律業務は、①相談者から問合せを受け、②法律相談を実施し、③提示した解決方針と弁護士報酬の了解を得て、委任契約を締結することで、開始することになります。
　以下では、①相談者からのお問合せ、②法律相談の実施、そして③委任契約の締結に至るまでの一連の過程における民事弁護活動の流れと注意点について解説します。

2　お問合せ時の留意点

1．当事者・関係者の確認
　□　利益相反の有無（当事者だけでなく関係者（第三者）も含む）

2．相談内容の概略の確認
　□　案件の種別
　□　訴える側・訴えられる側の判別

3．紛争性の大小の確認
　□　交渉・調停・訴訟いずれの段階か
　□　相手方への代理人の有無

4．緊急性の有無の確認
　□　相談日程の調整

5．対応方法の選別
　□　法律相談（直接面談）の実施（相談費用・相談時間の通知）
　□　電話相談
　□　他機関紹介

Part 2
訴訟前における留意点

　相談者との法律相談を実施する前提として、相談者からのお問合せに対応することになります。
　新規の相談者からのお問合せがあった場合における留意点は、以下のとおりです。

（1）当事者・関係者の確認

　新規のご相談を受けるにあたっては、詳細をうかがう前に、利益相反関係の有無を確認する必要があります。
　相談者自身が当事者ではなく、当事者の親族や知人という場合もありますので、お問合せをいただいた方だけでなく、ご相談に関係する人物の氏名・住所も確認するようにしましょう。

（2）相談内容の概略の確認

　当事者等の氏名・住所等を確認し、利益相反関係の有無をチェックした後に、ご相談内容の概略をうかがいます。
　ご相談内容の概略をうかがう際には、端的に「どのようなことをご相談されたいのでしょうか」とまずはオープンクエスチョンをしてみるとよいでしょう。
　もっとも、ただ漫然と話を聞いていては、いくら時間があっても足りないことになります。詳細な話は来所された際にうかがうとご案内したり、事前に相談カードを送付するようご案内したりするようにしましょう。
　また、ご相談内容の概略については、①案件の種別と、②訴える側・訴えられる側のいずれに該当するのかを確認するようにしましょう。①案件の種別を確認することによって、そもそも対応可能な分野かどうかを判断することが可能となりますし、②訴える側・訴えられる側のいずれに該当するのかによって、相談者に事前にご用意いただく事項の指示が変わってくることになります。

（3）紛争性の大小の確認

　ご相談内容の概略とともに、ご相談内容の紛争性がどの程度あるのかも確認する必要があります。
　ご相談内容の紛争性を判断する目安は、①交渉・調停・訴訟いずれの段階に至っているのか、②相手方への代理人の有無、が挙げられます。ご相談内容が交渉

から調停、調停から訴訟へと移行しているようであれば、それだけ紛争性は高まっていると考えられます。

　また、相手方に代理人弁護士が選任されている場合も、当事者間の交渉だけでは解決できなかったことがうかがわれ、それだけ紛争性が高まっていると考えられる判断要素となります。

（4）緊急性の有無の確認

　紛争性の概略を確認した後に、ご相談内容の緊急性について確認する必要があります。

　すでに訴状を提出されている場合には、答弁書の提出期限が設定されているため、早急に対応方針を検討することになります。また、交渉段階であっても、回答期限が設定されていることも考えられます。

　上記提出期限や回答期限によっては、ご相談を受けた弁護士では日程の都合上、対応できない場合もありえますので、後記のとおり、対応方法の選別を検討する必要があります。

（5）対応方法の選別

　相談内容の概略や緊急性等を踏まえ、お問合せを受けた弁護士として、以下の対応方法を選別することになります。

① **法律相談（直接面談）の実施　（相談費用・相談時間の通知）**

　　　相談内容の概略からして担当することが可能な内容であり、また相談日程を調整することが可能な場合であれば、法律相談の日程を調整することになります。

　　　法律相談の日程を調整する際には、あらかじめおおよその相談費用や相談時間をお伝えしておくようにしましょう（法律相談実施後、法律相談費用を巡ってトラブルにならないようにするためです）。

② **電話相談**

　　　相談内容の紛争性や緊急性が高くない場合や、緊急性が高くとも相談日程を調整することができない場合には、電話相談で対応することも考えられます。

　　　もっとも、電話相談では、直接面談して相談者の様子や、資料等を確認

しながら法律相談を実施することはできないため、確定的な見解を伝えることは難しいことが多いでしょう。

③ 他機関紹介

相談内容の概略からして、担当することが困難と思われる場合には、電話相談での対応も困難ですので、他機関をご紹介することも考えられます。

ご紹介先としては、各地の弁護士会の法律相談や、法テラスなどが挙げられます。

3 事前予約時の留意点

1．相談カードの記入
- □ 相談カードの送付・ダウンロード

2．時系列表の作成依頼
- □ 箇条書き可

3．相談に関する資料の用意
- □ 相談者が関係すると考える資料一切の持参（限定はしない）

3．身分証明書の持参
- □ 「依頼者の本人特定事項の確認及び記録保存等に関する規程」

5．相談日当日の出席者の確認
- □ 利益相反の防止
- □ 関係者からの協力の有無の確認

お問合せ対応の結果、法律相談を実施する場合には、相談日程を調整するほか、以下の事項についても確認しておくようにしましょう。

(1) 相談カードの記入

　お問合せ対応時に、相談者や相手方の氏名、相談概要等を確認することになりますが、相談者に、あらかじめ相談カードを送付するか、相談カードをダウンロードしてもらうなどして、法律相談前に記入しておいてもらうと、法律相談を効率的に進めることが可能となります。

　ただし、相談カードの送付先や、送付時の弁護士名・事務所名の表示の可否は注意が必要です。家族等には弁護士に相談することを知られたくないという方も少なからずいますので、相談者のプライバシーに配慮した対応が必要です。

(2) 時系列表の作成依頼

　次に、相談カードとは別に、相談概要をより詳細に把握するために、相談者には事前に相談内容に関する時系列表を作成しておいてもらうようお願いすると、法律相談を効率的に進めることが可能となります。

　時系列表というと、相談者も難しく考えてしまうことがありますが、「20●●年●月ころ、●があった」という程度の、箇条書きでも構いません。

　あくまでも法律相談を効率的に進めるためのツールに過ぎませんので、相談者には、決して難しく考えずに、思い出すことができる限り、箇条書き程度で作成していただくようお願いするとよいでしょう。

(3) 相談に関する資料の用意

　また、来所の際にはご相談に関する資料をすべて持参いただくようお伝えしておくと、法律相談時に、より詳細な事実関係を把握した上で、適切なアドバイスをすることが可能となります。

　この際、相談者からは、どのような資料を用意すればよいかと聞かれることもありますが、弁護士側から指定すると、指定した資料だけを用意すれば足りると思われてしまい、その他の重要な資料が見落とされてしまうおそれがありますので、まずは相談者ご自身が関係すると考えている資料一式を持参いただくようお伝えしましょう。

Part 2
訴訟前における留意点

[その他民事相談カード]

1. 相談者・相手方の氏名・住所の確認
- ☐ 利益相反チェックのために必須
- ☐ 離婚事件や不貞慰謝料請求案件では、両当事者がほぼ同時に弁護士への相談を考えることも

2. 相談事項のチェック
- ☐ オープンクエスチョンの活用

3. 相談カードの事前送付
- ☐ 住所先に弁護士名・事務所名入で送ることのチェック

（4）身分証明書の持参

　日本弁護士連合会は、弁護士等が、犯罪収益の移転行為（マネー・ローンダリング）に関与しないことを確保するため、「依頼者の本人特定事項の確認及び記録保存等に関する規程及び規則」を定めています。

　具体的には、（1）法律事務に関連して、依頼者の口座を管理したり、依頼者から現金（送金を含みます）、有価証券その他の資産（合計が200万円以上になる場合）を預かったり、そのような資産を管理する場合（規程2条1項本文）、（2）規程が定める不動産の売買など、一定の取引等について、弁護士等が依頼者のために、その準備又は実行をする場合（規程2条2項）、「依頼者の本人特定事項の確認」を行うことが義務付けられています（一定の例外があります）。

　そこで、法律相談時には、相談者の本人確認をするために身分証明書を持参いただいた上で、コピーをとるようにしましょう。

（5）相談日当日の出席者の確認

　また、法律相談のご予約時には、相談当日に来所予定の方を確認するようにしましょう。

　多くはありませんが、対立当事者の方と一緒に法律相談にお越しになる場合があります（例えば、離婚のご相談に関し、当事者双方の言い分を聞いて判断してほしいと相談されることがあります）。

　当然ですが、利益相反関係にある対立当事者双方からお話を聞くわけにはいきませんので、法律相談当日に対立当事者が来所してしまうと、どちらのご相談も聞くことができないということにもなりかねません。

　また、利益相反関係にある対立当事者ではなく、相談内容に関する事情をよく知る第三者が同席する場合もあります。このように、相談者ご本人以外にもご協力くださる方がいるのであれば、法律相談にも同席いただいた方がスムーズに法律相談を進めることも可能です。ただし、協力関係にあるとはいえ、法律相談時には相談者にとって協力者の方に知られたくない事項についてもお聞きすることもあるため、その点をあらかじめご了承いただくよう、相談者の方に確認しておくようにしましょう。

4 法律相談の留意点

1．法律相談の目的
- ☐ 事実関係の整理
- ☐ 法的見解の説明
- ☐ 委任の要否への理解

2．法律相談の心構え（傾聴→受容→共感）
- ☐ 傾聴：「聴く」　　　※相談時の姿勢
- ☐ 受容：「受け入れる」　※否定しない
- ☐ 共感：「理解を示す」　※相槌の重要性

3．法律相談の「型」〜プレゼンテーション
- ☐ 限られた時間内において「理解」を得る必要がある
- ☐ 自分の話を聞いてくれた人の話は聞いてくれる
- ☐ ホワイトボード等のツールの活用

（1）法律相談の目的

　法律相談の目的は、相談者に対し、①相談に関する事実関係を適切に整理した上で、②法的観点から見て最適な解決案を提示し、③弁護士に依頼する必要があるかをご理解いただくことにあります。したがって、法律相談では、最適な解決案を検討する前提として、必要な事項を確認していく必要があります。

　もっとも、相談したい事項を事前に整理できる方ばかりではありません。また、最初から正直にすべての事実を話すことに躊躇する方もいます。まずは「傾聴→受容→共感」を意識しながら、相談者の話を聴くことに集中しましょう。

　また、必要な事項を確認するためには、面談による法律相談だけでなく、事前

に相談カードを送付し、必要事項を記入しもらったり、必要な資料を用意してもらったりするなどの準備も有効です。必要な事実関係を確認した上で、相談者が弁護士に相談したいポイントがどこにあるのかを見極め、適切なアドバイスをすることを心がけましょう。

　ただし、すべての相談が、その場で即答できることばかりとは限りません。即答できないような相談に対しては、一旦中座して調べたり、場合によっては一度持ち帰らせてもらい、後日回答したりすることも検討しましょう。弁護士登録したばかりの頃は、「こんなことも知らないと思われては恥ずかしい」という気持ちもあるかもしれませんが、一瞬の恥を恐れて誤って回答をしたばかりに相談者に迷惑をかけてしまう方がよほど問題です。また、実際には、わからないということを正直に伝え、丁寧に調べた上で回答した方が、かえって相談者からの信頼を得ることができるものです。

　大切なことは、相談者の立場に立って、誠実に話をうかがい、誠実に回答することを心がけることです。

（2）法律相談の心構え

　以上の事前確認をした上で、実際に対面して法律相談を実施することになります。
　法律相談にあたっては、以下の点を注意するようにしましょう。

①　傾聴→受容→共感

　さきほどもお話したように、相談者から十分に事実関係を確認するためには、相談者からの信頼を得る必要があります。

　相談者から信頼を得るコミュニケーションのポイントは、「傾聴→受容→共感」の3つのステップを踏むことにあります。相談者の話を聴くときには、この3つのステップを踏んでいくことを意識して進めていく必要があります。徐々に慣れ、法律相談の時間配分も意識して法律相談をリードしていけるようにしましょう。

　例えば、法律相談の時間が1時間であれば、①最初の20分は「傾聴」に集中し、②次の5分は「受容」に、③次の5分は「共感」を示すようにします。そして、④次の15分で、弁護士としての法的見解を説明し、⑤最後の15分で相談者が今後とるべき対応についての方向性を示す——というイメージです。

Part 2
訴訟前における留意点

法律相談の時間には限りがありますので、限られた時間を有効に利用することも意識していきましょう。

② 弁護士の利益ではなく相談者の利益を最優先に考える

法律相談では「傾聴→受容→共感」の3つのステップが大切と繰り返し述べていますが、この3つのステップを踏む理由は、相談者からの信頼を得るためです。

そして、相談者からの信頼を得る目的は、弁護士が依頼を受けるためではなく、相談者が抱えている悩みや問題に関する事実をより詳細に話しやすい土台をつくり、相談者にとって望ましい法的解決策を探していくことにあります。相談者の信頼を得る目的はあくまでも相談者の利益のためであって、弁護士の利益のためではありません。

依頼を受けるために取り繕ったとしても、多くの場合、そのような下心は見透かされてしまうものです。

依頼を受ける際には、弁護士費用等の負担が生じることを説明した上で、それでも弁護士に依頼することが相談者にとって利益となるかどうかということを、相談者と一緒に考えていくことを常に意識しましょう。

③ 不当な要求は断固として拒否する

「傾聴→受容→共感」の「共感」は、相談者に迎合することや言いなりになることではありません。

相談者の悩みには「共感」を示しても、相談者が希望・要求する手段が法的には難しい場合には、法律専門家として毅然とお断りしなければなりません。特に、相談者の要求が不当・違法のおそれがある場合であればなおさらです。

このような場合、弁護士として相談者が希望する方法は実施できず、依頼を受けることはできないということを伝えなければなりません。

このような見通しを伝えてもなお相談者が自分の要求を突き通そうとするのであれば、相談者と弁護士の間で信頼関係を築くことは難しいと言わざるを得ません。

昨今は「受任する力」ばかりが強調されがちですが、このような場面では、むしろ「断る力」を持つことが大切です。

④ 依頼者と対等な信頼関係を構築する

依頼者と弁護士との間で対等な信頼関係を築くことができるかどうかが、法律

相談を成功させるポイントです。

　ここでの依頼者と弁護士との関係は、一方が上に立つのではなく、両者が対等な信頼関係であることが理想的といえます。

　弁護士もサービス業であることは否定できませんが、弁護士は、依頼者を説得したり、依頼者が不適切な言動をしないよう諫めたりすることも求められます。弁護士よりも依頼者の立場が上にあり、弁護士が依頼者のイエスマンとなってしまっては、依頼者を諫め、事案を適切に解決することもできなくなってしまいます。最悪の場合には、依頼者の違法行為を助長することにもなりかねません。

　一方で、弁護士が依頼者よりも上の立場として接することも、依頼者の真意を図ることができず、真に事案の適切な解決が難しくなるという点で適切とはいえません。

　弁護士として、時には依頼者に苦言を呈し行動を律しても、なお依頼者から信頼を得ることができる対等な関係の構築を志向していきましょう。

（3）法律相談の「型」～プレゼンテーション

　「法律相談時の心構え」は前記（2）のとおりですが、相談者から信頼を得て依頼を得るためには、法律相談を効果的に実施する必要があります。

　弁護士の視点から法律相談の役割を整理すれば、法律相談は、限られた時間内において相談者の抱える悩みの事実関係を整理し、法的問題点を確認した上で、解決する法的方法を提示するだけでなく、依頼を受ける場合には弁護士に依頼することのメリットも理解していただく機会であるといえます。この観点からすれば、法律相談とは、「<u>弁護士による相談者へのプレゼンテーション</u>」ともいうことができます。

　弁護士が相談者に対して効果的にプレゼンテーションを行うためには、座って話を聞くというだけではなく、ホワイトボードやパワーポイント等の視覚的なツールを使い、相談者が抱える法的問題点や解決方法等をわかりやすく伝えるということも有効です。

　私たちの事務所では、相談室にホワイトボードを備え置き、相談者の方の話を聞きながら、事実関係や争点、解決方法をホワイトボードに書き出していき、相談者の方との共同作業で事案の整理を行っていくというスタイルを採用しています。

Part 2
訴訟前における留意点

ホワイトボードによる法律相談の「型」

① 登場人物の記載

X → Y
↓
Z

土地

③ 予想される法的争点・立証上の問題点等の記載

【問題点】
1. 不動産の二重譲渡
2. Yがすぐに登記名義を変更しなかった理由
3. X・Y・Zの関係
4. ZはX・Y間の売買を知っていたか？

② 時系列の記載

H23年4月	H25年6月	H27年8月	H28年1月
X→Y 土地売買	X→Z 土地売買	Z 土地の所有権移転登記手続	Y 土地がZ名義となっていることを知る

　上記の図は、不動産の二重譲渡に関する相談事例を想定しています。
　私の場合、ホワイトボード左上に①登場人物の記載を行い、当事者関係の概要を整理します。次に、ホワイトボード下部に②時系列の記載を行い、事実関係を整理します。最後に、ホワイトボード右上に③予想される法的争点・立証上の問題点等の記載を行い、争点・問題点を整理します。

この①・②・③の記載を、以下のように「傾聴→受容→共感」の3つのステップに落とし込みながら行っていきます。

【1時間の法律相談の場合】
A）最初の20分は「傾聴」に集中する（ホワイトボードにはまだ記載しない）
B）次の5分は「受容」する（①・②を記載する）
C）次の5分は「共感」を示す（①・②を記載しながら行う）
D）次の15分で、弁護士としての法的見解を説明する（③を記載する）
E）最後の15分で相談者が今後とるべき対応についての方向性を示す（③を示しながら説明する）

　もちろん、ホワイトボードを利用して法律相談を行うということは1つの方法でしかありません。ホワイトボード等の視覚ツールを利用するよりも、メモ等もとらずにお互いの表情を確認して対話を重ねる方が進めやすいという方もいらっしゃると思います。また、法律相談でうかがった話をその場でパソコンに打ち込み、整理した概要をメモランダムとして法律相談終了直後に渡す方が相談者に満足していただけると考える方もいらっしゃると思います。
　大切なことは、法律相談とは、決まった1つの方法があるわけではなく、法律相談の効果を上げるためにはいくつもの方法が考えられる、とてもクリエイティブな場面であるということです。
　それぞれの得意な伝え方を試行錯誤していただき、法律相談の「型」を習得していただくことが、法律相談をより効果的かつ効率的にする近道となります。

5　委任契約締結時の留意点

> 1．弁護士に依頼することのメリットの説明
>   - ☐ 適切な法的対応の実現
>   - ☐ 精神的負担の軽減
>   - ☐ 時間的負担の軽減
>
> 2．弁護士に依頼することのデメリットの説明
>   - ☐ 経済的負担の発生
>   - ☐ 対立当事者との関係性の変化
>
> 3．弁護士対応以外の解決方法の提示
>   - ☐ 裁判外・裁判上の解決方法の提示
>   - ☐ 各解決方法のメリット・デメリット
>
> 4．委任状・委任契約書作成時の留意点
>   - ☐ 委任状・委任契約書への委任の範囲の明記
>   - ☐ 契約時説明書の活用
>   - ☐ 弁護士費用の設定の明確化
>
> 5．委任契約の締結を慎重に検討すべき場合

(1) 弁護士に依頼することのメリットの説明

　法律相談の結果、委任契約を締結するかどうかを相談者に検討いただく際には、弁護士に依頼することのメリットを説明しましょう。弁護士自身から「弁護士に依頼した方がよい」などと勧誘することは不適切と考える方もいらっしゃるかもしれません。もちろん、本来弁護士が依頼を受けるべきではない、また受ける必要がない事案についてまでも、積極的に弁護士への依頼をするよう勧誘することを推奨するものではありません。あくまでも、相談者に弁護士に依頼した場合に想定される効果をご理解いただき、弁護士に依頼すべきかどうかの判断の一助としていただくために、必要な情報を提供していただく意味で、弁護士に依頼することのメリットを説明した方がよいということにとどまります。

　どのような素晴らしい実績や能力をお持ちの弁護士であっても、法律相談時に弁護士に依頼した場合の効果等を説明しないために、相談者に弁護士に依頼することの必要性をご理解いただけていない場合もあるように感じます。

　このため、あくまでも一般論ではありますが、相談者が弁護士に依頼した場合のメリットについては、ご説明いただいた方がよいかと思います。

　私たちの事務所では、一般的に、弁護士に依頼することのメリットとして、以下の3点をご説明するようにしています。

① **適切な法的対応の実現**

　　　私たち弁護士は、法律の専門家として、ご相談いただいた法的問題に対して、適切な法的対応を実現するように務めます。

　　　必ずしも相談者の期待する結果を実現できることまではお約束できませんが、相談者のご期待をできる限り実現できるように全力を尽くして取り組んでいくことが求められます。

　　　私たち弁護士としてはごく当たり前のことではありますが、当たり前であるがゆえに、「相談者も当然わかっているはず」と、改めて相談者に説明しないことも少なくないのではないでしょうか。ところが、弁護士が想像している以上に、相談者は、弁護士に依頼すれば適切な法的対応をしてもらうことが期待できるということを認識していないように思います。

　　　まずは、弁護士に依頼することの第一のメリットとして、「適切な法的対応の実現」という点はご説明するようにしましょう。

② **精神的負担の軽減**

次に、弁護士の特徴の1つとして、委任契約を締結することによって、依頼者の法的代理権限を有することが可能だという点が挙げられます。つまり、委任契約を締結し、依頼者から代理権限を付与されることによって、弁護士は依頼者に代わって、相手方との交渉や裁判等を対応することが可能となるのです。

相談者にとって、相手方との交渉や裁判等の対応をすること自体が、大きな精神的負担になっています。弁護士が依頼者の代理人としてこれらの対応をすることは、相談者にとって精神的負担の軽減につながるというメリットがあるといえます。

③ **時間的負担の軽減**

また、②同様、弁護士が代理人として、依頼者に代わって対応することによって、相手方との交渉や裁判等の対応に要する時間的負担を軽減することができます。

忙しい相談者にとって、このような時間的負担が軽減すること自体、大きなメリットがあるといえます。

（2）弁護士に依頼することのデメリットの説明

① **経済的負担の発生**

一方、弁護士に依頼した場合、弁護士費用を要することになるため、相談者にはその分の経済的負担が発生することになります。

特に、相談内容の難易度等によっては弁護士費用も増減することになるため、相談者にとっても気になる点かと思います。ですから、弁護士側にとって適正と考える弁護士費用を率直にお伝えするようにしましょう。私たち弁護士が担当する業務は、いずれも責任の重大なものばかりであり、決して手を抜いたりおろそかにしたりすることはできません。

また、弁護士が、依頼を受けたいがあまりに不相当に弁護士費用を減額することは、経営上も得策とはいえません。そもそも明確な理由なく弁護士費用を減額することは、他の依頼案件との均衡という観点からも不適切ですので、安易な減額には応じないようにしましょう。

② 対立当事者との関係性の変化

　弁護士に依頼することによって、相談者本人の対応から、弁護士を通した対応へと変化することになり、対立当事者との関係性も変化することになります。

　相談者が弁護士に依頼したことによって、対立当事者の対応が頑なになったり、逆にこれまでは無茶な主張ばかりしていた態度が一変して、慎重に対応するようになったりすることがあります。この点については一概にデメリットであるとはいえませんが、相談者と対立当事者とのこれまでの関係性や交渉経過を踏まえて、弁護士が代理人として介入することで予想される相談者と対立当事者の関係性の変化が、相談者にとって望ましいものといえるかどうかも見極めるようにしましょう。

（3）弁護士対応以外の解決方法の提示

① 裁判外・裁判上の解決方法の提示

　また、委任契約を締結するかどうかを相談者に検討いただく際には、弁護士に依頼せず、相談者本人でもご対応できる方法もありうることの説明も必要です。

　具体的には、後記Chapter 3記載の、裁判外・裁判上の解決方法を提示し、弁護士に依頼する以外の方法もありうることを相談者にご理解いただいた上で、弁護士に依頼するかどうかを相談者自身に選択してもらうようにしましょう。

② 各解決方法のメリット・デメリット

　また、裁判外・裁判上の解決方法を相談者に提示する際には、各解決方法のメリット・デメリットについても説明するようにしましょう（各解決方法のメリット・デメリットの詳細については後記Chapter 3・3をご参照ください）。

　特に、法的紛争に直面するのが初めての相談者にとっては、どのような解決方法を選択すべきなのかも悩ましいところですので、弁護士側で疑問点を解消できるように説明しましょう。

（4）委任状・委任契約書作成時の留意点

　法律相談の結果、正式に依頼を受けるということになれば、委任状と委任契約書を作成する必要があります。
　委任状等の作成にあたっては、以下の留意点があります。

①　委任状の受領

　依頼を受ける際には、委任状を取り交わすようにしましょう。口頭でも委任契約は成立しますが、後日の紛争を防止する上でも、委任状の取り交わしは必須といえます。
　また、依頼者に不信を抱かれないよう、委任事項は明記して委任状を取り交わしましょう。委任事項を記載しない白紙委任状の取り交わしは、依頼者からすれば不安なものです。
　なお、委任状は、交渉段階と調停・訴訟段階では別の委任状を取り交わすようにしましょう。依頼段階に応じて委任状を取り交わし直すことで、どこまでが当初の委任契約の範囲かを明確にすることができます。

②　弁護士報酬の自由化

　次に、委任状とともに委任契約書を取り交わす必要があります。委任契約は原則として無償契約です（民法648条1項）ので、費用を明確に取り決める必要があります。
　なお、弁護士は、良くも悪くも弁護士費用について頓着しない方が少なくありません。受任の際に明確な弁護士費用を取り決めず、解決してから弁護士費用を具体的に話し合う方もいるようですが、このような進め方は危険です。受任の際には、必ず弁護士費用を明記した委任契約書を取り交わすようにしましょう。
　また、現在は弁護士費用も自由化されていますが、あまりに高額な弁護士費用を設定することは、委任契約の有効性にも疑義を生じさせるほか、弁護士への信頼にも関わることですから、厳に避けるべきです。
　委任契約書の書式は、日本弁護士連合会のホームページにも参考書式が掲載されていますので、こちらを参考にするとよいでしょう。
　事案によっては、弁護士費用をよく検討してから依頼したいと言われることもありますので、その際には弁護士費用の見積書を作成・交付することも検討しましょう。

㊞
委 任 状

年　月　日

住　所

氏　名　　　　㊞

私は，次の弁護士を代理人と定め，下記の事件に関する各事項を委任します。

弁　護　士　　●　●　●　●

●●●●法律事務所（茨城県弁護士会所属）
〒300-1234　茨城県牛久市中央●丁目●番地●号
TEL：●●●-●●●-●●●●／FAX：●●●-●●●-●●●●

記

第1　事件

第2　委任事項
　　1　上記事件に関する一切の件
　　2　復代理人の選任

Part 2
訴訟前における留意点

委任契約書（民事）

依頼者を甲、受任弁護士を乙として、次のとおり委任契約を締結する。

第1条(事件等の表示と受任の範囲)
　甲は乙に対し下記事件又は法律事務（以下「本件事件等」という）の処理を委任し、乙はこれを受任した。
　①事件等の表示
　　事件名_____
　　相手方_____
　　裁判所等の手続機関名_____
　②受任範囲
　　□示談折衝、□書類作成、□契約交渉
　　□訴訟（一審，控訴審，上告審，支払督促，少額訴訟，手形・小切手）
　　□調停，□審判，□倒産（破産，民事再生，任意整理，会社更生，特別清算）
　　□保全処分（仮処分，仮差押）、□証拠保全，□即決和解
　　□強制執行、□遺言執行、□行政不服申立
　　□その他（　　　　　　　　　　　　　　　　　　　　　）

第2条(弁護士報酬)
　甲及び乙は、本件事件等に関する弁護士報酬につき、乙の弁護士報酬基準に定めるもののうち☑を付したものを選択すること及びその金額（消費税を含む）又は算定方法を合意した。
　□着手金
　　①着手金の金額を次のとおりとする。
　　　　金_____円とする。
　　②着手金の支払時期・方法は、特約なき場合は本件事件等の委任のときに一括払いするものとする。
　□報酬金
　　①報酬金の金額を次のとおりとする。但し、本件事件等が上訴等により受任範囲とは異なる手続に移行し、引き続き乙がこれを受任する場合は、その新たな委任契約の協議の際に再度協議するものとする。
　　　　□金_____円とする。
　　　　□甲の得た経済的利益の_____％とする。経済的利益の額は、乙の弁護士報酬基準_____に定める方法によって算出する。
　　②報酬金の支払時期は、本件事件等の処理の終了したときとする。
　□手数料
　　①手数料の金額を次のとおりとする。
　　　　金_____円とする。
　　②手数料の支払時期・方法は、特約なき場合は本件事件等の委任のときに一括払いするものとする。
　□時間制（　事件処理全般の時間制　，　着手金に代わる時間制　）
　　①1時間当たりの金額を次のとおりとする。
　　　　金_____円
　　②甲は時間制料金の予納を（　する　，　しない　）ものとし、追加予納については特約に定める。予納を合意した金額は_____時間分である。

御見積書

_____ 様

〒●
●県●市
●ビル●号室
弁護士　● 法律事務所
●
印

下記のとおり御見積り申し上げます。

見　積　NO.	
見　積　日	
有　効　期　限	本見積提出後２週間

合　計　金　額	

　このたびはお見積もりの機会をお与え頂き、ありがとうございます。
下記の通りお見積り申し上げます。ご検討のほど宜しくお願い申し上げます

お		見	積	内	訳
項	目	金　　額	備　　考		
報酬	着　手　金				
	報　酬　金				
	相　談　料				
	日　　当				
	実　　費				
	消費税（８％）				
	小　計　①				
費用	実　　費				
	立　替　金				
	小　計　②				
合計③（　①　＋　②　）					
源　泉　徴　収　税　額　④					
請　求　額（　③　－　④　）					

　上記は〇〇の条件でお見積りしました。〇〇が必要な場合は別途お見積りします。

【お支払方法】
振込先：●銀行　●支店
口　座：普通　　店　番：●●●
口座番号：●
口座名義：●

※お振込みの場合,領収書の発行は振込用紙をもってかえさせていただきます。

Part 2
訴訟前における留意点

③ 依頼事項ごとに委任契約書等を取り交わすことの重要性

委任契約書の取り交わしにあたっては、どこまでが依頼の範囲なのかを明確にしておくことが大切です。交渉時点までの依頼なのか、裁判は第一審までか、上訴審までも含むのかなど、細かく規定するようにしましょう。

例えば、「裁判まで対応します」と説明した場合、弁護士が裁判対応は第一審までと考えていても、依頼者によっては上訴審までの対応も含めて依頼していると考えている場合もあります。

弁護士費用の金額だけでなく、どこまでが委任の範囲なのかということもトラブルが生じやすいところですので、各手続に応じて委任契約書を取り交わすことを心がけましょう。

④ 個別契約上の留意点は特約事項へ明記

同じ分野の案件であっても、個別のケースによって対応すべき範囲や留意すべき事項は異なります。例えば、債務整理分野の場合、依頼者が任意整理を希望しており、破産手続や民事再生は希望していない場合、負債総額を調べたり財産関係を調査したりしてからでなければ明確な方針を決めることができないこともあります。このようなケースでは、当初は任意整理を前提として依頼を受けるものの、負債や財産関係の調査結果次第では、任意整理以外の方針を選択することがあることを、あらかじめ説明したことを委任契約書上に残しておいた方が、後々依頼者と方針選択を巡ってトラブルになることを回避しやすいといえます。

また、証拠関係からすれば、依頼者の主張が必ずしも認められるとは限らない場合でも依頼を受けるようなケースでは、依頼を受けたとしても依頼者の主張がすべて認められるとは限らないことを説明しておく必要があります。このようなケースでは、「依頼を受けたとしても依頼者の主張がすべて認められるとは限らないと説明した」ことを委任契約書上に残しておいた方が無難といえます。

弁護士費用に関しても、報酬金を算定する際の経済的利益の評価方法を巡ってトラブルになるケースがあります。例えば、交通事故分野において、報酬金を「経済的利益の10％」と設定した場合、ここにいう「経済的利益」とは、弁護士が介入した後に増額した金額の10％を指すのか、依頼者が受け取る金額すべての10％を指すのか、又は依頼者が受け取る金額から自賠責保険金相当額を控除した金額の10％を指すのか、によって異なることになります。依頼を受けてから解決するまで依頼者と良好な関係を保ってきたにもかかわらず、解決後の弁護

士費用の算定を巡ってトラブルになることは、担当する弁護士にとっても、依頼者にとっても決して望ましいことではありません。そこで、弁護士費用の算定例についても、委任契約書や見積書としてあらかじめ明記しておいた方がよいといえます。

例）交通事故における損害賠償請求の依頼を受け、弁護士報酬として「経済的利益の10％」として設定した。

　当初、保険会社は損害賠償金として4000万円を提示していたが、弁護士が代理人として示談交渉を行った結果、最終的に5000万円を獲得した（自賠責保険金相当額：3000万円）。

【経済的利益の考え方】
① 弁護士介入後の増額した金額
　経済的利益：5000万円－4000万円＝1000万円
　弁護士報酬：1000万円×10％＝100万円
② 依頼者が受け取る金額
　経済的利益：5000万円
　弁護士報酬：5000万円×10％＝500万円
③ 依頼者が受け取る金額から自賠責保険金相当額を控除した金額
　経済的利益：5000万円－3000万円＝2000万円
　弁護士報酬：2000万円×10％＝200万円

---

⑤　契約時説明書の取り交わし

　正式に依頼を受けることになった場合には、委任状と委任契約書を締結することになりますが、さらに契約後の担当弁護士との連絡方法についても十分に説明しておくことが望ましいといえます。

　相談者・依頼者には、これまでに弁護士に依頼したことがないという方も少なくありません。初めて弁護士に依頼するという方にとっては、弁護士とどのように連絡をとるべきかもわからないということは往々にしてあるものです。

　そして、連絡のとり方がわからないため、また深刻なトラブルに直面しているために、つい担当弁護士に頻繁に連絡をとってしまう依頼者もあります。中に

<u>Part 2</u>
訴訟前における留意点

<u>今後のご連絡等に関しまして</u>

① 進捗状況等について，定期的に弁護士のほうからご連絡差し上げることは難しい場合がございます。ご不明な点がありましたら，どうぞご遠慮なく事務所宛にお問い合わせください。牛久本店，日立支所いずれでも構いません。お問い合わせのございました進捗状況等のご報告は，担当弁護士又は事務局からご連絡させていただきます。

② 弁護士は，原則として土曜，日曜，祝祭日はお休みを戴いております。ご連絡につきましては，平日の営業時間帯（午前９時～午後５時）にお願いできれば幸いです。

③ 弁護士は，日中は裁判，打合せ等で外出していることが多く，ご連絡戴いた際のご返事が遅くなる場合がございます。なるべく一両日中にはご返事いたしますが，遅れてしまう場合があることをご了承ください。

④ お打ち合わせをご希望の場合には，ご遠慮なくお申し付け下さい。日程を調整の上，お打ち合わせを設定させていただきます。

⑤ 弁護士より書類をお送りさせていただく場合がございますが，その際，弁護士名入の封筒をご希望されない場合には，その旨お申し付けください。

⑥ ご住所，お電話番号等のご連絡先に変更がございましたら，お早めにご連絡ください。

⑦ メールでのご連絡をご希望される場合には，以下の担当弁護士のアドレス宛にご連絡ください。
　　□　●弁護士：●.com
　　□　●弁護士：●.com
　　□　●弁護士：●.com

ご理解ご協力賜りますようお願い申し上げます。

平成　　年　　月　　日

以上の説明を受け，これを了解いたしました。

　　　　　　　　　　氏　名：＿＿＿＿＿＿＿＿＿＿＿＿

は、土曜日や日曜日などの祝祭日、また深夜であっても連絡をしてくるために担当弁護士が疲弊してしまったり、すぐに担当弁護士が対応できなかったことを理由にクレームに発展してしまったりするケースもあります。

依頼を受けた後に連絡方法を巡って依頼者とトラブルになってしまうことは、お互いにとって望ましいことではありません。そこで、委任契約書を締結する際には、依頼後の担当弁護士との連絡方法について口頭で説明するだけでなく、具体的な注意点を整理した書面を取り交わしておくとよいでしょう。

(5) 委任契約の締結を慎重に検討すべき場合

これまでは、依頼を受ける際の注意点について説明してきましたが、逆に、弁護士として依頼を受けることを事前に慎重に検討すべき場合について説明します。

① 案件の性質上問題がある場合

(i) 利益相反のおそれがある案件

明らかに利益相反がある案件だけでなく、利益相反のおそれがある案件についても、依頼を受けることには慎重に検討する必要があります。

例えば、顧問先企業から従業員が犯した刑事事件の対応を相談された場合、従業員が刑事事件を犯したことを認めれば、懲戒処分に付すことが考えられます。この場合、顧問先企業と従業員との間には将来的に利害が対立することから、潜在的に利益相反関係にあるといえます。安易に従業員の刑事弁護を引き受けてしまうと、従業員だけでなく、顧問先企業にも迷惑をかけてしまうおそれがあるため、他の法律事務所に相談していただくようご案内するなどの対応を検討する必要があります。

(ii) 違法行為のおそれがある案件

例えば、借家人を裁判によらずにすぐに立ち退かせてほしいという自力救済に関する家主からの依頼や、不貞相手の職場や実家に不貞慰謝料請求の書面を送ってほしいという依頼などは、相手方に対する不法行為にもなりかねない、違法行為のおそれがある依頼といえます。

このような案件の依頼を受けた場合、代理人として関与したとして

も、弁護士も違法行為に加担したとして、損害賠償請求や懲戒請求を受けるおそれがあります。

(ⅲ) **専門領域外の案件**

医療過誤訴訟や知的財産関係訴訟、渉外分野等、高度な専門性が要求される分野の案件について担当できるだけのノウハウや体制がない状況で依頼を受けてしまうと、適切な処理をすることができず、依頼者に迷惑を及ぼしかねません。

このような専門領域外の案件を相談された場合には、対応することができるノウハウや体制を備えた弁護士を紹介した方が、かえって依頼者からの評価を高めることになりますので、自らの専門領域を冷静に判断した上で、積極的に他の弁護士の紹介も検討するようにしましょう。

② **相談者の性質上問題がある場合**

(ⅰ) **事実を語らない相談者**

弁護士は、相談者から聞く事情が事実であると仮定して案件の対応方針等を検討することになります。

ところが、相談者から聞いた事情が虚偽であったり、あるいは隠された事情があったりすると、案件の対応方針等を見直さなければならないことになります。

場合によっては、弁護士が適切な事実確認を怠ったとして、責任を問われるおそれもありますので、嘘をついたり、ごまかしたりする相談者の依頼は受けるべきではないでしょう。

(ⅱ) **コミュニケーションが困難な相談者**

案件の対応方針を検討したり、和解等の重要な場面での決定をしたりする際には、依頼者とのコミュニケーションを密に行う必要があります。

ところが、相談者とのコミュニケーションをとることが困難な場合には、弁護士が対応方針を提示したり、意思決定について確認を求めたりしても、相談者から明確な回答を得ることができず、案件を進めることができない事態が生じかねません。

相談を受けた時点でコミュニケーションに難しさを感じた場合に

は、依頼後も同様の問題が生じることを予想しておく必要があります。

(ⅲ) 当事者意識がない相談者

当事者意識がなく、弁護士にすべて任せておけばよいと考えている相談者の依頼についても、慎重に検討する必要があります。

「先生の方で良いように進めてください」「すべてお任せしていますから大丈夫です」等と言われても、後日、結果に不満があるなどとクレームが発生してくるおそれがあります。

また、案件の対応を進めていく過程では、依頼者本人の意思確認をしなければならない場面も生じてきますが、そのような場面でも弁護士任せとなってしまいますと、弁護士としても判断に困ってしまい、案件を進めることができなくなってしまいます。

あくまでも相談の当事者は依頼者本人であり、弁護士と相談者は二人三脚で問題解決に取り組んでいく必要があることをご理解いただく必要があります。

(ⅳ) 弁護士を「使う」という意識の相談者

弁護士に「依頼する」ということと、弁護士を「使う」ということは、一見すると大きな違いはないように思われるかもしれません。ところが、前者の場合には弁護士を法律の専門家として尊重していただけますが、後者の場合には弁護士を道具としてみていることになります。

弁護士を「使う」という意識の相談者の場合、依頼を受けた後に、弁護士からのアドバイスを受け入れてくれなかったり、無理な要求を押し通すよう指示してきたりするおそれがあります。

このような相談者の依頼を受けた場合、弁護士が違法行為に加担させられるおそれも否定できませんので、依頼を受けることは慎重に検討すべきでしょう。

(ⅴ) 約束を守らない相談者

相談者が約束した打ち合わせを無断でキャンセルしたり、期限までに必要な書類を用意してくれなかったりするような場合、依頼を受けた案件を適切に進めることに支障をきたすおそれがあります。

Part 2
訴訟前における留意点

特に、提出期限が設定されている書面等の提出が遅れたりすれば、弁護士側の責任にもなりかねません。

法律相談の予約の時点で無断キャンセル等が続くような方の場合には、依頼を受けた後も同様の問題が生じることがあることを踏まえて依頼を受けるかどうかを検討すべきでしょう。

Chapter 3 方針選択

1 紛争発生から解決までの流れ

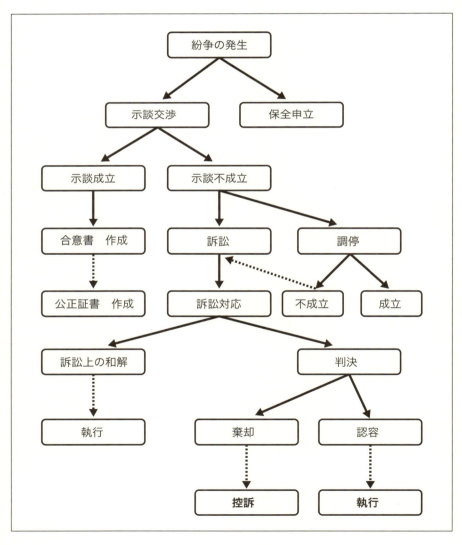

2 紛争解決方法の種類

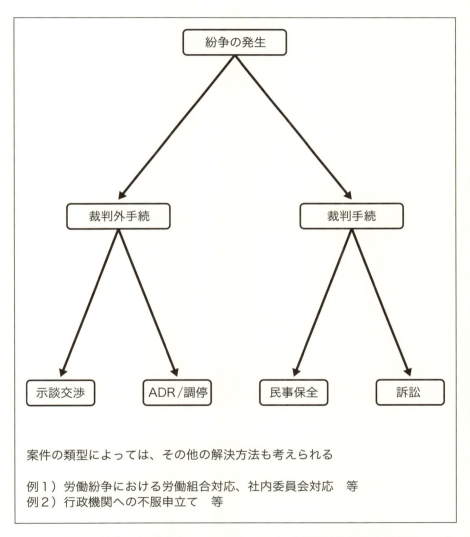

　民事事件には複数の解決方法がありますが、大別すれば裁判外と裁判上の手続に分類することができます。

　以下では各解決手続の概要について説明します。

(1) 示談交渉

示談交渉は、当事者間で係争案件について直接交渉を行う裁判外手続になります。裁判外手続ですから、簡易迅速に紛争を解決することが期待できます。

一方、示談交渉は当事者間での交渉であり、第三者が仲介したり判断を示したりするわけではないため、示談内容の妥当性には疑問が残る可能性もあります。また、当事者間での合意が必要になるため、相手方が応じなければ解決はできないことになります。

弁護士として示談交渉に関与する場合、事実関係をできる限り正確に把握するように務め、事実関係に適した解決案を提示するように心がけましょう。一方当事者の代理人という立場であっても、法律に照らして妥当な提案であれば、相手方も納得して示談に応じてくることが期待できます。逆に、相手方の知識不足等に乗じて一方的に有利な内容で示談を迫ってしまうと、後日の紛争の蒸し返しのリスクもありますので、注意しましょう。

(2) ADR／調停

係争案件の種類によっては、ADRや調停を利用することが可能です。

ADR（Alternative Dispute Resolution）とは、裁判に代わる代替的紛争解決手段の総称です。

一方、調停とは、当事者間の紛争に第三者が介入することによって、紛争の解決を図ることをいいます。調停には、簡易裁判所（当事者間の合意で、ときには地方裁判所によることもあります（民事調停法3条））による民事調停と、家庭裁判所による家事調停の2種類があります。家事事件や借地借家法による賃料増減額請求事件等、一定の類型の事件には調停前置主義が適用されます。

(3) 民事保全

民事保全とは、民事訴訟の本案の権利の実現を保全するために行う仮差押えや仮処分の裁判上の手続をいいます。将来の訴訟を予定した付随的な手続ですが、仮差押によって相手方の預貯金を差し止めたりすることが可能であり、債権回収を図ったりする場合には強力な解決方法の1つになります。

ただし、民事保全の利用にあたっては、担保を用意しなければならないなど、

他の手続にはないデメリットもありますので、利用にあたっては事前の慎重な検討が必要です。

（4）訴訟

訴訟とは、当事者間の紛争に関し、裁判所による判断を求める裁判手続をいいます。

3　紛争解決方法のメリット・デメリット

解決方法	メリット	デメリット
示談交渉	□ 早期解決が可能 □ 費用がかからない □ 柔軟な解決が可能	□ 合意内容の妥当性がチェックされない □ 合意がなければ成立しない
ADR 調停	□ 第三者の仲介がある □ 訴訟ほどは費用がかからない	□ 交渉と比べて費用・時間を要する □ 合意がなければ成立しない
民事保全	□ 相手方の資産・権利状態を保全できる □ 訴訟よりも迅速な解決が期待できる	□ 担保金が必要（被保全債権額の10〜30％） □ 損害賠償請求のリスク
訴訟	□ 終局的な解決が可能 □ 当事者の合意は不要	□ 時間的・経済的負担が大きい □ 柔軟な解決は困難

(1) 示談交渉

① メリット

示談交渉は、裁判外手続であるため、簡易迅速に紛争を解決することが期待できます。

また、示談交渉では厳密な主張・立証が求められるわけでもないため、資料の準備等に多額の費用や時間を要することもありませんし、当事者間での話し合いが前提となるため、私的自治の原則の下、法的要件に縛られない柔軟な解決が可能です。

② デメリット

示談交渉はあくまでも当事者間での交渉であり、第三者が仲介したり判断を示したりするわけではないため、示談内容の妥当性には疑問が残る可能性もあります。例えば、示談内容が行政法規に違反し、違法無効となるおそれがあったり、後日、示談内容の解釈を巡って争いが再燃したりするおそれは否定できません。

また、当事者間での合意が必要になるため、相手方が応じなければ成立しないことになります。したがって、示談交渉の条件を巡って対立が続いている場合には、いつまでも紛争が解決しないという事態に陥るおそれもあります。

(2) ADR／調停

① メリット

ADRや調停は、示談交渉と訴訟の中間に位置する手続といえます。

第三者による仲介があることから、示談交渉よりも当事者双方の納得を得やすいほか、訴訟よりも経済的・時間的負担が少なく済みやすいというメリットがあります。

② デメリット

一方、ADRや調停は、お互いの合意がなければ解決しないため、終局的な紛争解決ができなかったり、手続によっては相当程度の費用負担や時間的負担が発生したりするというデメリットがあります。

（3）民事保全

① **メリット**

民事保全は将来の訴訟を予定した付随的な手続ですが、訴え提起前に申立てが可能である上（密行性）、申立てには厳格な証明まで要求されず（「疎明」で足りる）、迅速に手続を進めることができます。また、仮差押が認められるため、債務者の預貯金等の財産を押さえることが可能となり、早期の債権回収を実現することも期待できる、強力な解決方法の1つといえます。

民事保全は、相手方の資産・権利状態を保全するとともに、訴訟よりも迅速な解決が期待できる点が大きなメリットといえます。

② **デメリット**

民事保全は債権者側にとって強力な手続である反面、債務者側に与える影響も大きいため、利用にあたっては担保金を提供する必要があります。民事保全を利用する際に用意すべき担保金の金額は、被保全債権額の10〜30％と、決して小さくありません。民事保全の利用を検討する場合には、そもそも依頼者が担保金を用意することができるかどうかを考えなければなりません。

また、民事保全が後日理由がないものと判断された場合には、違法な民事保全申立てによって債務者が被った損害賠償責任を負担するおそれがあります。したがって、安易な民事保全の申立ては禁物であり、民事保全が認められるだけの正当な理由があるかどうか、慎重に検討する必要があります。

（4）訴訟

① **メリット**

訴訟のメリットは、当事者間の合意がなくとも裁判所の判断によって終局的な解決を図ることができることにあります。

② **デメリット**

訴訟では厳密な主張・立証が求められるため、時間的・経済的負担が他の手続よりも大きくなる傾向にあるほか、和解が成立しなければ柔軟な解

決を図ることが難しいというデメリットがあります。

4　原告側の留意点

(1) 方針選択の主導権

　方針選択の主導権は原告側にあるといえます。
　原告側は、前記各解決方法のメリット・デメリットを比較検討した上で、いずれの方法を選択するのかがよいかを検討することになります。

(2) ゴールの明確化

　原告側が解決方法を選択するにあたっては、最終的なゴールをあらかじめ設定しておくことが大切です。
　具体的には、原告側として、どの点は譲歩することができ、どの点は譲歩することができないのかを明確にしておくということになります。
　例えば、不貞慰謝料請求の案件で考えた場合、慰謝料の金額について譲歩できないのか、譲歩できるとしても相手方からの謝罪や今後接触をしないことなどを約束させることに重点があるのか等、いずれかを明確に考えておく必要があるでしょう。

5　被告側の留意点

(1) 方針選択の主導権は限られる

　被告側としては、解決方法の選択に関して、基本的に主導権はありません。被告側は基本的には受け手という立場にならざるをえないため、まずは原告側の対応を待つことになります。
　もっとも、被告側としてもただ手をこまねいて待つだけではなく、自ら原告側に対してとりうる手段も考えられます。

(2) 被告側から代理人を選任する方法

　被告側が積極的に取りうる方法の1つとして、被告側から代理人を選任し、原告側に対して代理人を選任した旨の通知を送付する事が考えられます。

　被告側が早期に代理人を選任し、受任通知を送付することのメリットとして、今後、被告側当事者本人が原告側とやりとりしなくて済むということが第一に挙げられます。

　特に原告側と被告側本人の感情的な対立が大きい案件では、直接やりとりすること自体、被告側にとって大きな負担といえます。被告側が代理人を選任することによって直接原告側とやりとりすることが回避できるということは、大きなメリットといえます。

　また、原告側が被告本人だけではなく被告の家族や職場等にも接触しようとしている場合には、代理人が交渉対応を受任することによって連絡窓口となるとともに、被告側の家族や職場等との接触を控えるよう申し入れる方法も考えられます。

　このように、被告側としては、早期に代理人を選任することによって、原告側との交渉窓口をコントロールすることが考えられます。

(3) 債務不存在確認訴訟等の提起

　被告側から債務不存在確認訴訟等を提起し、原告側との紛争解決方法を、交渉ではなく訴訟等に移行させるという方法も考えられます。

　被告側としては、紛争がいたずらに長期化する場合、遅延損害金などの負担が増えていってしまうリスクがあるだけでなく、いつまでも原告側との紛争が解決しないことで、精神的・時間的負担等を強いられ続けることになります。

　そこで、被告側から、原告側に積極的に訴訟等を提起することによって、終局的な解決を図ることが考えられます。

　ただし、被告側から訴訟等を提起した場合、原告側を刺激することになり、より感情的な対立が深刻化することもありえますので、訴訟等を選択するかどうかは、慎重に検討しましょう。

Chapter 4 示談交渉

1 示談交渉の留意点

(1) 示談交渉の流れ

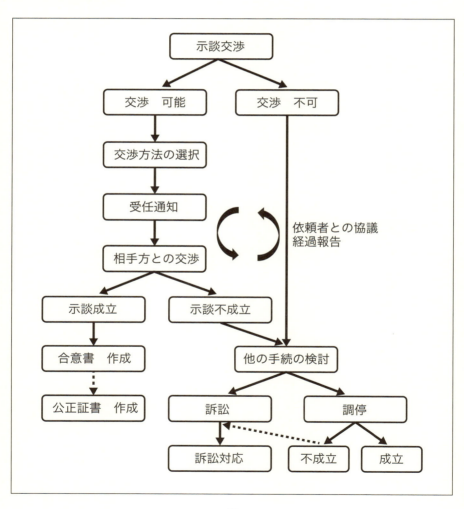

Part 2
訴訟前における留意点

示談交渉には明確なルールがありませんが、一般的には、①受任通知、②相手方との交渉、③合意書の取り交わし、④公正証書の作成、という流れで進行していきます。

以下では、示談交渉に関する留意点について説明します。

(2) 交渉の方法

示談交渉は、当事者間の交渉によって、簡易迅速に紛争を解決することが期待できる手続になります。

もっとも、すでにお話ししているように、裁判所等、第三者が仲介しない手続であるため、どのように進めていくのかという方法も決められておらず、進め方は事案に応じて様々です。示談交渉の方法や選択基準を整理すれば、以下のとおりです。

① 交渉方法の選択

示談交渉の方法は、以下の7つが考えられます。

【示談交渉の方法】

---

① 面談
② 電話
③ メール
④ FAX
⑤ 普通郵便
⑥ 配達証明
⑦ 内容証明郵便

---

② 交渉方法の選択基準

これらの7つの方法のうち、いずれの方法が最適かは、当事者の立場や社会的地位、連絡の内容等によって異なります。

各交渉方法のメリット・デメリットを整理すれば、次のとおりです。

示談交渉方法のメリット・デメリット

交渉方法	メリット	デメリット
面談	□ 意思を明確に伝えることが可能 □ 相手方の真意を把握しやすい	□ 面談の機会を設定すること自体避けられるおそれ □ 交渉内容の記録化の困難さ □ 当事者の関係性によってはスムーズな交渉ができない
電話	□ 迅速な連絡が可能 □ 柔軟な話し合いが可能	□ 交渉内容の記録化の困難さ □ 電話連絡をとることの事前調整が必要 □ 録音されている可能性がある
メール	□ 時間や場所を問わずに連絡が可能 □ 送信費用がかからない □ 大量のデータ送信が可能 □ 記録化が可能 □ 警戒心を解きやすい	□ 記録化を警戒され柔軟な話し合いが困難 □ 趣旨が誤解されるおそれ
FAX	□ 時間を問わずに連絡が可能 □ 送信費用があまりかからない □ 記録化が可能	□ 記録化を警戒され柔軟な話し合いが困難 □ 趣旨が誤解されるおそれ □ 大量の資料の送信には不向き
普通郵便	□ 郵送費用がかからない(配達証明・内容証明郵便との比較) □ 大量の資料を送付することが可能	□ 配達記録が残らない □ 迅速な郵送は困難
配達証明	□ 配達記録が残る □ 大量の資料を送付することが可能	□ 送付した通知書の内容までは証明できない □ 郵送費用がかかる(普通郵便との比較)
内容証明郵便	□ 送付した通知書の内容も証明可能 □ 相手方に与える心理的影響が大きい	□ 郵送費用がかかる(普通郵便との比較) □ 資料を同封することができない

Part 2
訴訟前における留意点

（ⅰ）　面談

【メリット】

　面談による交渉は、依頼者側の姿勢を伝える際には有効な方法といえます。例えば、被害弁償のために示談交渉をする場合には、依頼者（加害者）側が真摯に反省していることを交渉態度でも示すことが期待できます。

　また、直接の面談によった場合、お互いの顔を見ながら話すことができるため、文書や電話等のやりとりだけではわからない機微を把握するきっかけにもなります。

　その他、当事者双方に代理人が選任されている場合、代理人同士が面談して話し合うことで、具体的な解決の方向性を見出しやすいといえます。

【デメリット】

　当事者や係争案件の内容によっては、直接会うこと自体を避けられることもあります。また、面談場所や面談時間の調整で難航するほか、面談場所によっては一方当事者の雰囲気に威圧されてしまい、思うような交渉ができなくなるおそれがあります（相手方の指定する場所に赴いた場合、相手方が用意した複数人に囲まれてしまい、思うように話し合いができないこともありえます）。

　さらに、弁護士が直接立ち会って示談書を取り交わした場合、後日相手方から「弁護士に脅迫されて無理やり署名させられた」などと言いがかりをつけられるリスクもあります。

　慣れないうちは、面談による交渉を選択することには慎重であるべきです。

（ⅱ）　電話

【メリット】

　電話による交渉は、迅速に連絡をとることができるというメリットがあります。また、メールやFAX等と異なり、提案が形に残りにくいということから、具体的な条件提示ができない段階でも、相手方と柔軟な話し合いができるというメリットがあります。

【デメリット】

　お互いの交渉経過が記録に残りにくいという点は、一方でデメリットにもなります。電話の会話内容を録音するという方法もありますが、前後の会話の流れも押さえる必要があります。

　なお、柔軟な話し合いができるというメリットを挙げましたが、相手方に録音

されている可能性がありますので、あまりに不用意な発言をすることは禁物です。

(ⅲ) メール

【メリット】

　メールによる交渉は、時間や場所を問わずに連絡をとることができるという迅速性と、費用がかからないという点がメリットとして挙げられます。また、交渉経過が記録に残るという点もメリットです。

【デメリット】

　メールでは柔軟な話し合いが困難であることや、趣旨が正しく伝わらずに誤解されるおそれがあるという点がデメリットとして挙げられます。

　また、そもそも相手方のメールアドレスがわからないケースも少なくありませんし、突然に弁護士名でメールを送っても、迷惑フォルダに振り分けられて読まれなかったり、悪戯メールと誤解されたりすることもあります。

(ⅳ) FAX

【メリット】

　FAXは、時間を問わずに連絡をとることができるという迅速性と、費用があまりかからないという点、FAXによる通知内容を記録化できるというメリットが挙げられます。

【デメリット】

　一方、メールや郵便の場合と同様、柔軟な話し合いが困難であることや、趣旨が正しく伝わらずに誤解されるおそれがあるという点がデメリットとなります。

　また、そもそも相手方がFAX機器を持っていないことも少なくありませんので、利用できないこともありますし、大量の書類を送信したりすることにも向いていません。

(ⅴ) 普通郵便

【メリット】

　普通郵便による交渉のメリットは、相手方の住所が確認できれば連絡が可能という点が挙げられます。また、配達証明や内容証明郵便に比べれば費用もかかりませんし、FAXとは異なり、大量の資料を同封して郵送することも可能です。

【デメリット】

　一方、普通郵便では、いつ相手方に届いたのか、またどのような内容を送った

Part 2
訴訟前における留意点

のかということが記録化しにくいというデメリットがあります。消滅時効を中断する必要がある場合などには不向きといえます。

また、普通郵便では、郵便局の都合によって到達までに数日以上を要することもあり、迅速に到達することは期待できません。

(vi) 配達証明

【メリット】

配達証明による交渉のメリットは、普通郵便と比べて、いつ相手方に届いたのかということが記録化できるという点にあります。

【デメリット】

一方、配達証明でも、やはりどのような内容を送ったのかということについては記録化しにくいというデメリットがあります。また、普通郵便よりも費用がかかる点も考慮する必要があります。

(vii) 内容証明郵便

【メリット】

内容証明郵便は、普通郵便や配達証明と比べて、いつ、どのような内容の通知が相手方に届いたのかということが記録化できるという点にメリットがあります。

また、普通郵便などとは異なり、特定の書式で送付されるため、相手方に与える心理的影響が強いということも挙げられます。

【デメリット】

一方、内容証明郵便は他の郵送方法と比べて費用が高額というデメリットが挙げられます。

また、相手方に与える心理的影響が強いために、相手方の態度が頑なになることもあります。

③ 相手方の立場に応じた選択

以上の各交渉方法のメリット・デメリットに応じて交渉手段を使い分ける必要がありますが、さらに相手方の立場によって選択すべき方法も変わってきます。

(i) 相手方が個人の場合

相手方が個人である場合、最初（受任通知をする時点）に連絡をとる場合には、普通郵便か配達証明、又は内容証明郵便を選択することが通常です。

ただし、普通郵便では相手方に到着したかどうかが確認できないため、配達証

明を選択するか、依頼者の強い態度を相手方に示したり、消滅時効を中断したりする必要がある場合には内容証明郵便を選択することが多いといえます。

　なお、これらの郵便物を送付する際には、送付先には注意が必要です。相手方の現住所が判明せず、職場しかわからない場合に、安易に職場に送付すると、場合によっては不法行為責任に問われるおそれがあります。例えば、不貞相手に対する慰謝料請求の交渉事案において、不貞相手の職場に対して受任通知書や請求書を送ってしまうと、相手方にこのような書類が届いたことが職場に知れわたってしまい、最悪の場合失職する可能性もあります。相手方が失職する可能性がありながら、安易に弁護士名で受任通知等を送ることが不法行為にあたりうるといえます。

　なお、内容証明郵便を送付する場合、通常は受任当初の１回のみで足ります。２回目以降も内容証明として送付し、証拠化しておく必要性は高くありませんので、その後は普通郵便か、せいぜい配達証明で足りるでしょう。

(ⅱ)　相手方が法人の場合

　相手方が法人である場合も、最初（受任通知を送付する段階）に連絡をとる場合には、普通郵便か配達証明、又は内容証明郵便を選択することが通常です。

　その後の連絡方法は、法人の場合には、個人とは異なりFAXを備えていることも多いため、FAXを利用したりすることも少なくありません。

(ⅲ)　相手方が代理人を選任している場合

　相手方が代理人を選任している場合、消滅時効を中断したりする事情があれば内容証明郵便を利用することもありますが、弁護士同士の信頼関係を前提に、FAXやメールを利用したりすることが多いといえます。

（3）示談交渉の心構え

1．交渉経過の記録化
- □ 通知書の控えの確保
- □ 依頼者への報告自体も記録化する（書面・メール等）

2．定期的な報告の重要性
- □ 通知書の送付
- □ 相手方からの回答書・資料の送付
- □ 回答期限・方針期限の設定

3．依頼者の利益の最大化と依頼者への説得のバランス
- □ 譲歩するラインを設定する
- □ 示談による解決のメリットを踏まえて依頼者を説得する

---

①　交渉経過の記録化
　交渉にあたっては、裁判等に発展する可能性も見据えて、交渉経過を記録化していくことを意識しましょう。
　交渉経過を記録化しておいた方が望ましいというケースでは、相手方に対し、書面やメールでの回答をするよう要求することも考えられます。

②　定期的な報告の重要性
　示談交渉は方法の制限もなければ提出期限等の制限もないため、うっかりすると漫然と時間ばかり過ぎてしまうことにもなりかねません。法的な効力があるわけではありませんが、相手方と交渉する際には、「平成●年●月●日までにご回答ください」などと回答期限を設定してしまうことも考えられます。
　また、依頼者からすれば、交渉経過がどうなっているのかは非常に気になる点でもあります。依頼者には定期的に交渉経過を報告するようにしましょう。

③ 依頼者の利益の最大化と依頼者への説得のバランス

　弁護士は依頼者の利益のために活動すべきであり、示談交渉でもできる限り依頼者の利益を最大化できるように行っていくことが求められます。

　もっとも、依頼者の利益を最大化するためといっても、不当な要求や交渉方法をとることは当然慎まなければなりませんし、示談交渉で解決するためには、ある程度相手方も納得してもらわなければなりません。相手方の納得を得るためには、正当な要求であっても、依頼者側にも譲歩してもらうことも考えられます。

　示談交渉による解決を図る際には、早期解決のメリットも踏まえて、依頼者への説得をしなければならないこともあります。どこまでの要求を通すことが依頼者にとって最適といえるかは、十分な話し合いを重ねて探っていきましょう。

（4）合意書の取り交わし

① 合意書はできる限り自分で作成する

　示談交渉の結果、お互いの合意が形成されてきた段階で、合意書を取り交わすことになります。

　合意書の取り交わしにあたっては、どちらが作成するかということが問題になりますが、できる限り率先して作成するようにした方がよいでしょう。

　相手方に合意書を作成してもらった場合、改めて各条項の趣旨や表現を確認しなければならず、見落としや誤解のおそれもあります。自分から作成する場合には、こちらが主導して各条項の趣旨を検討できるため、見落としや誤解のおそれを防ぎやすいといえます。

② 合意書の署名・捺印は当事者本人か、代理人か

　合意書の取り交わしの際には当事者双方の署名・捺印を交わすことになります。

　この点について、代理人が依頼者本人に代わって署名・捺印をすることでも有効性に変わりはありませんが、依頼者との関係で、後日断りなく署名・捺印されたと指摘されるおそれを防ぎたいという場合には、依頼者本人に署名・捺印してもらうようにしましょう。

（5）公正証書の作成

①　公正証書作成の目的

　当事者間で合意書を取り交わすだけでなく、さらに公正証書の作成まで行う場合もあります。

　合意書だけでなく公正証書まで作成する目的は、後日の強制執行を可能にすることや、公証役場で合意事項の有効性を確認してもらい、後日の紛争の蒸し返しを防止するということにあります。

②　当事者間における事前の協議

　公正証書を作成する場合には、公証役場の利用にあたっての追加の費用負担や、公証役場に赴かなければならないという負担が発生することに注意しなければなりません。

　特に費用負担については当事者のいずれが負担するのかという点がよく問題となりますので、公正証書を作成する場合には、この点も事前に合意しておく必要があります。

③　公証役場への事前連絡・調整

　公正証書を作成する場合には、公証役場へ事前に連絡し、日程調整のほか、合意書案の確認を行う必要があります。

　公正証書はすぐにできるわけではありませんので、時間的・経済的負担があることは、事前に依頼者に説明するようにしましょう。

2　原告側の留意点

　原告側としては、示談交渉による解決は、簡易迅速に行うことができるという点が最大のメリットということができます。このため、原告側としては、示談交渉による解決を積極的に検討することになります。

　もっとも、示談交渉といっても様々な方法があり、各方法には、メリット・デメリットがあることは、すでにお話したとおりです。その時々の状況によって、いずれの交渉方法を選択することが最適かということも変わってきます。原告側としては、交渉方法の選択についても、よく考えなければなりません。

　また、示談交渉による場合、いつまでに解決しなければならないという明確な

期限は設定されないことが通常です。

　したがって、原告側としては、交渉方法の選択だけではなく、回答期限等についても積極的にコントロールしていかなければ、いつまでも示談交渉が継続してしまい解決に至らないことになりかねません。

　原告側代理人として担当する場合には、弁護士が主導権を握って示談交渉を進めていくことを意識しましょう。

3　被告側の留意点

　一方、被告側としては、原告側の対応を待つことになります。

　もっとも、ただ原告からの出方を待つということだけでは、原告側に十分な準備の機会を与えてしまったり、原告側が被告本人以外にも接触したりしてしまうおそれを放置することになりかねません。

　そこで、被告側としても、交渉による解決のゴールを早めに設定した後は積極的に原告に打診し、示談による解決の道があるかどうかを探っていく方法が考えられます。また、前記のとおり、被告側として職場や家族に接触されたくない場合には、早期に代理人弁護士を選任し、原告側との交渉窓口を被告本人から代理人側に移し、被告側の職場や家族への接触を禁止するように働きかけることも検討しましょう。

Chapter 5 ADR／調停

1 ADR／調停とは

(1) ADR

ADRは、係争案件の性質によって様々な種類が用意されています。
主なADR機関として、以下のものが挙げられます。
① 日本弁護士連合会交通事故相談センター
② 交通事故紛争処理センター
③ PLセンター
④ 全国銀行協会
⑤ 生命保険協会
⑥ 日本貸金業協会

(2) 民事調停

民事調停は、簡易裁判所（当事者間の合意で、ときには地方裁判所によることもあります（民事調停法3条））による調停手続になります。

(3) 家事調停

家事調停は、家庭裁判所による調停手続になります。離婚や相続など家庭内の紛争については、民事調停ではなく、家事調停で扱うことになります。

2 ADR／調停の選択のポイント

```
① 交渉では解決しない場合

② 経済的負担をかけずに解決したい場合

③ 早期に解決したい場合

④ 証拠が不十分ではあるが権利主張をする必要がある場合

⑤ 相手方が依頼者と親密な関係である場合

⑥ 相手方が信用のある会社である場合
```

```
弁護士に依頼しても費用対効果があわない場合の選択肢
```

　ADR／調停は、示談交渉と訴訟の中間に位置する手続といえます。示談交渉や訴訟ではなく、ADR／調停を選択する場面としては、以下のケースが考えられます。

Part 2
訴訟前における留意点

（1）交渉では解決しない場合

　当事者間の話し合いでは、お互いの要求ばかりを主張して一向に妥協の余地が見出だせない場合、第三者の意見を仰いでいくことでお互いに譲歩の余地がないかを探った方が適当な場合には、ADRや調停の利用が考えられます。

（2）経済的負担をかけずに解決したい場合

　ADRや調停は、訴訟ほどの裁判費用はかからないことが一般的です。
　また、訴訟と比べて当事者本人でも利用しやすい手続であるため、弁護士に依頼せずに利用することで、弁護士費用をかけずに済むことも期待できます。

（3）早期に解決したい場合

　調停は、通常は2、3回程度の期日で解決する傾向にあるため、訴訟と比べて解決までの時間は比較的短く済むということができます。

（4）証拠が不十分ではあるが権利主張をする必要がある場合

　訴訟では依頼者の主張する権利を立証する見込みに乏しい場合であっても、調停ではお互いの円満な解決を志向するため、一部ではあっても依頼者の希望が受け入れられる可能性があります。

（5）相手方が依頼者と親密な関係である場合

　当事者間に親密な関係がある場合、白黒の結論をつける訴訟では決定的に関係が悪化するおそれがあります。
　そこで、調停によって話し合いを継続し、決定的な関係の悪化を避けながら紛争の解決を図ることが考えられます。

（6）相手方が信用のある会社である場合

　相手方が保険会社など、信用のある会社である場合、訴訟によらなくとも調停によって話し合いで解決することが期待しやすいといえます。

3 民事調停の流れ

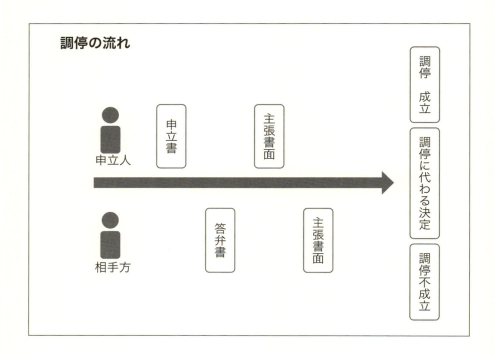

（1）民事調停の申立

① 民事調停とは

　民事調停とは、当事者同士の合意によって紛争の解決を図ることを目的とするもので、裁判外紛争解決手続（ADR）の1つです。

　民事調停は、調停委員会が当事者から事情を聴取した上で、調停案を作成し、当事者がこれに合意することで調停が成立します。あくまでも当事者同士が話し合い、お互いが譲り合って解決することを目的としていますので、必ずしも法律にしばられず、実情に合った円満な解決を図ることができます。

　民事調停は、裁判官1名と調停委員2名以上で構成される調停委員会によって手続が進められます。調停委員は民間から選ばれており、公正中立を旨とし、当事者を平等に扱い、双方の言い分を十分に聴き、お互いの歩み寄りを助け、そし

て合意に導くという役割を担っています。

② 調停申立書の書式

調停申立書の書式は、裁判所のホームページ[1]で公開されています。

裁判所のホームページで掲載されている書式集は、申立書の書式だけでなく記載例も公表されているため、相談者本人による調停申立を検討する場合には有用です。

なお、必ずこの書式に従って作成しなければならないというわけではなく、事案によっては通常の民事訴訟事件と同じような形式で申立書を作成することでも特に支障はありません。

③ 申立書の提出にあたっての注意事項

（ⅰ） 管轄（提出先）

民事調停の管轄は、原則として相手方の住所地を管轄する簡易裁判所となります（民事調停法3条1項）。「申立人（相談者）の住所地を管轄する裁判所でできます」等とアドバイスしてはなりません。

管轄の問題は、出廷にあたっての交通費や日当等の経済的負担、時間的負担に直結することであるため、気にされる相談者は少なくありません。つい他の民事訴訟等と同じように考え、請求者である申立人の住所地に管轄があるはずなどと誤解しがちですが、特に注意が必要です。

もっとも、一切例外が認められないというわけではありません。例外的に、管轄がない場合であっても、申立人の住所地を管轄する裁判所に対する申立てが認められることがあります（これを「自庁処理」といいます。民事調停法4条1項但書）。実務では、調停申立書を提出する際に、あわせて「自庁処理の上申書」を提出し、例外的に申立人の住所地を管轄する裁判所で受理すべき事情を主張することになります。

（ⅱ） 許可代理

民事調停では、指定された期日にどうしても出頭できない場合等において、裁判所（調停委員会）の許可を得て、家族や従業員（会社等が調停の当事者となっている場合）等の紛争の実情に詳しい者を代理人として出頭させることができます（民事調停規則8条）。

1　http://www.courts.go.jp/saiban/syosiki_minzityoutei/index.html

弁護士及び司法書士でない者でも、調停委員会の許可を得ることで代理人になることができる点にはご注意ください（民事調停規則8条2項）。

(ⅲ) 利害関係人の参加

民事調停では、利害関係人は、調停委員会の許可を受けて調停手続に参加することができます（民事調停法11条1項）。

また、調停委員会が利害関係人を参加させることも可能とされています（民事調停法11条2項）。

（2）調停の手続

① 第1回調停期日

第1回調停期日では、調停委員2名の簡単な自己紹介の後、調停手続きの説明があります。

その後、通常は申立人から申立書の内容等を聞いた後、相手方に対し申立人の主張に対する言い分を聞き、再度申立人を呼んで相手方の言い分に対する反論を聞き、時間があれば再度相手方を呼んで申立人の反論に対する言い分を聞く──という流れで、申立人と相手方の言い分を交互に聞いていくことで進んでいきます。そして、調停期日の時間が迫ってくると、次回期日までに当事者双方の課題（用意すべき事項）を整理し、次回期日を調整して終了する、ということになります。

② その後の調停期日

第2回目以降の調停期日では、前回の課題をそれぞれ提出しながら、お互いに合意点を探って進めていくことになります。

民事調停では、民事通常訴訟のように、当事者双方からお互いの主張を整理した書面を提出することもありますが、話し合いによる解決を前提とした手続であるため、あえて書面を提出せずに、話し合いを中心として進めることもあります。

なお、民事調停では、職権による証拠調べ、調査の嘱託、事実の調査が認められていることから、裁判所から証拠調べの提案がなされることもあります（民事調停法12条の7）。

調停期日は、概ね1ないし2ヵ月に1回程度のペースで進められていきます。このペースで進めることに不満を持つ当事者も少なくありませんので、できる限

り調停任せにせず、期日間でも適宜交渉を進めるなどして、迅速な解決を目指していくべきです。

（3）調停の終了

① 調停の成立

調停期日を重ねて、お互いに合意できるラインが見えてくると、調停の成立に向けて、具体的な調停条項を検討していくことになります。

なお、調停期日当日で調停条項案を決めようとすると、相手方と細かい表現で食い違いが生じたり、ときには依頼者と対立したりしてしまうこともありますので、できれば期日間で具体的な条項案を作成しておき、事前に調整しておくことが望ましいといえます。

また、交渉一般として、最初に高めの要求を提示したあとで水準を下げていくことは容易ですが、最初に低めの要求を提示したあとで水準を上げていくことは困難といえます。そこで、相手方に調停条項を提示するときには、最初は高めに提示することも選択肢の1つとすべきでしょう

調停が成立すると、裁判上の和解と同一の効力を有します（民事調停法16条）。強制執行も可能となりますので、相手方が支払いに応じない場合には、差押等も視野にいれることができます。

② 調停に代わる決定

民事調停では、「裁判所は、調停委員会の調停が成立する見込みがない場合において相当であると認めるときは、当該調停委員会を組織する民事調停委員の意見を聴き、当事者双方のために衡平に考慮し、一切の事情を見て、職権で、当事者双方の申立ての趣旨に反しない限度で、事件の解決のために必要な決定をすることができる。この決定においては、金銭の支払い、物の引渡しその他の財産上の給付を命ずることができる」とされています（民事調停法17条）。

調停に代わる決定が行われる例としては、大筋では合意に達しているものの、わずかな意見の相違で調停成立に至らない場合などが挙げられます。

調停に代わる決定に対しては、当事者又は利害関係人は、異議の申立てをすることができます。異議の申立て期間は、当事者が決定の告知を受けた日から2週間とされており、期間内に異議の申立てがないときは、上記決定は、裁判上の和解と同一の効力を有することになります（民事調停法18条）。

③　調停の不成立

調停の不成立とは、調停委員会が、当事者間に合意が成立する見込みがない場合、裁判所が調停は成立しないものとして事件を終了させることをいいます（民事調停法14条）。

調停事件が不成立となった場合、申立人がその旨の通知を受けた日から2週間以内に調停の目的となった請求について訴えを提起したときは、調停の申立ての時に、その訴えの提起があったものとみなされます（民事調停法19条）。

4　原告側の留意点

ADR／調停は、示談交渉と訴訟の中間に位置する手続といえます。示談交渉とは違い、第三者が間に入ることから、示談交渉よりも客観的な意見を取り入れて合意に向けて話をすすめることが期待しやすい一方、訴訟よりも手続的にも時間的・経済的にも負担が少ないことから、当事者にとって利用しやすい手続といえます。

もっとも、ADR／調停は、示談交渉と比べれば簡易・迅速性は劣る上、訴訟と異なり、あくまでも当事者の合意が必要であり、終局的な解決は期待できないというデメリットもあります。

原告側としては、ADR／調停のメリット・デメリットを踏まえ、示談交渉や訴訟ではなく、あえてADR／調停を利用する必要があるのかを、よく検討する必要があります。

5　被告側の留意点

被告側としては、原告側があえてADR／調停を利用してきた背景には何があるのかを検討することになります。

原告側が示談交渉では埒が明かないと考えてADR／調停を利用してきたのであれば、あえて合意には応じないという姿勢をとり続けるか、ADR／調停でも合意に至らない場合には訴訟まで発展する可能性があることを踏まえ、ADR／調停段階で合意に応じることを検討するかを、見極めていきましょう。

Chapter 6 民事保全

1 民事保全とは

　民事保全とは、民事訴訟の本案の権利の実現を保全するために行う仮差押えや仮処分の裁判上の手続をいいます。
　将来の訴訟を予定した付随的な手続ですが、訴え提起前に申立てが可能である上（密行性）、申立てには厳格な証明まで要求されず（「疎明」で足りる）、迅速に手続を進めることができます。また、仮差押えが認められるため、債務者の預貯金等の財産を押さえることが可能となり、早期の債権回収を実現することも期待できる、強力な解決方法の1つになります。
　ただし、民事保全の利用にあたっては担保を用意しなければならないなど、他の手続にはないデメリットもあります。
　以下では、民事保全の手続の概要について説明します。

2 民事保全の分類

　前記のとおり、民事保全とは、本案判決による強制執行ができるようになるまでの間の仮の救済手段をいいます。
　なお、「民事保全」は、大きくは「保全処分」の一類型であり、民事通常訴訟を前提（本案）としてなされるものを指し、それ以外の、民事通常訴訟を前提としない民事の保全処分を、講学上、「特殊保全」と分類します。
　「民事保全」は、民事訴訟法において規律されています。「民事保全」は、「仮差押え」及び「係争物に関する仮処分」並びに「仮の地位を定めるための仮処分」という3つの類型の総称とされます（民事保全法1条）。
　そして、仮差押え及び係争物に関する仮処分並びに仮地位仮処分という「民事保全」については、原則として民事保全法を適用すること、その反対解釈として、民事保全以外の「特殊保全」については、特に準用規定などがない限り、民事保全法が適用されないことになります（民事保全法1条）。

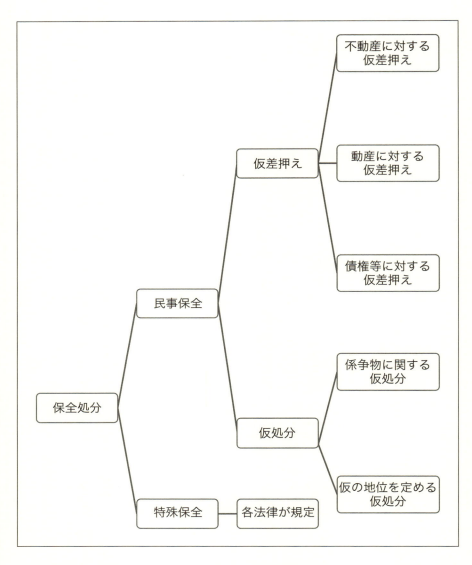

　「特殊保全」の主なものとして、①破産や民事再生の申立てなどに伴う保全処分（破産法、民事再生法）、②民事調停前の措置（民事調停法）、③家事調停前の処分（家事事件手続法）④行政処分に対する執行停止（行政事件訴訟法）、⑤民事執行法上の強制執行停止（民事執行法）等が挙げられます。
　ここでは、民事保全を中心に説明します。

Part 2
訴訟前における留意点

3 民事保全の特徴

(1) 付随性

　民事保全とは、民事訴訟の本案の権利の実現を保全するために行う仮差押えや仮処分の裁判上の手続をいいます。これは、仮差押え、仮処分のいずれであっても異なりません。
　民事保全の付随性とは、本案訴訟を当然の前提としてなされるものであることをいいます。

(2) 暫定性

　民事保全の暫定性とは、債務者に対する強制執行が可能になるまでの間の仮の救済措置であることをいいます。

(3) 緊急性

　民事保全の緊急性とは、緊急になされなければならないときに、これを発令することが認められるものであることをいいます。

(4) 密行性

　民事保全の密行性とは、債務者に知られずに民事保全が認められることをいいます。
　債務者が、債権者が民事保全の申立てをしようとしていることを知って、財産を隠したりするなどして債権者の将来の強制執行を妨害しないとも限らないので、仮差押えや係争物に関する仮処分（占有移転禁止の仮処分、処分禁止の仮処分）は債務者に知られないうちになされることが通常です。
　ただし、仮地位仮処分は救済を必要とする債権者の事情が審理の中心であり、しかも、債務者に対する影響も大きいことから、必ず、「口頭弁論又は債務者が立ち会うことができる審尋の期日を経なければ」発することができないとされており（民事保全法23条4項）、密行性は明文で否定されていることにご留意ください。

（5）決定主義

民事保全命令の手続は、迅速化のために、判決ではなく、すべて決定で行われます（民事保全法3条）。

（6）審尋

決定手続では、口頭弁論が開かれないわけではありませんが、必要的ではありません（民事保全法3条）。裁判所が当事者を審尋することも可能ですが（民事訴訟法87条2項）、仮地位仮処分の場合（民事保全法23条4項）や保全異議（民事保全法29条）、保全取消し（民事保全法40条1項）の場合以外は、当事者審尋も必要的ではありません。

（7）疎明

民事保全手続では、被保全権利や権利関係、保全の必要性については、証明する必要はなく、疎明すればよいとされています（民事保全法13条2項）。

疎明とは、「裁判官が事実の存在が一応確からしいとの認識をもった状態、あるいは、それを得させるために証拠を提出する当事者の努力をいう。確信の状態より心証の程度が低い」とされています。

このような疎明は、即時に取り調べることができる証拠によらなければならないことから（民事訴訟法188条）、権利が発生することになった契約書や、事件の経緯などを説明した陳述書などを含む各種文書や写真など、将来の本案訴訟では書証として提出される予定の文書を提出することが通常です。

4　仮差押え

（1）仮差押えとは

　仮差押えとは、金銭債権の執行を保全するために、債務者の財産をあらかじめ仮に差し押さえる裁判所の決定をいいます。
　訴訟による解決を目指す場合、解決まで長時間を要することになります。そして、その間に相手方が資産を隠したり、散逸したりしてしまうと、最終的に勝訴しても、回収ができなくなる事態も考えられます。そこで、訴訟提起前に仮差押命令を申し立て、債務者の預貯金や売掛金等の債権を差し押さえ、債権回収の実効性を担保することが必要になります。

（2）仮差押えの対象

　仮差押えは、債権者がその債権（被保全権利）の額に見合う債務者の財産を仮に差し押さえておき、将来的には強制執行で、債権の弁済に充当するための準備の手続といえます。したがって、仮差押えの対象物は、債務者の所有物であることが前提となります。
　そして、民事保全法上、仮差押えの対象は、不動産（民事保全法47条）、船舶（民事保全法48条）、動産（民事保全法49条）、債権その他の財産権（民事保全法50条）が予定されていることが明記されています。

（3）仮差押命令の効果

　仮差押命令により仮差押えをすれば、仮差押えの対象となった不動産や債権などについて処分禁止効が働き、譲渡などの法律的な処分や弁済などが暫定的に禁止された状態となります。
　また、仮差押命令は、債権の消滅時効の進行を中断させます。そして、この仮差押えによる消滅時効中断の効力は、仮差押えの執行保全の効力が存続する間は継続し、仮差押えの被保全債権につき本案の勝訴判決が確定したとしても、仮差押えによる時効中断の効力がこれに吸収されて消滅することはありません。

（4）仮差押命令申立て

① 仮差押命令申立ての流れ

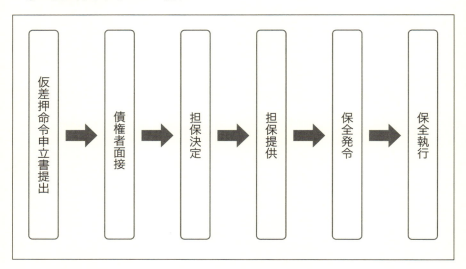

② 仮差押命令申立書の提出

　　仮差押命令申立書は、管轄である「本案の管轄裁判所」又は「仮に差し押さえるべき物若しくは係争物の所在地を管轄する地方裁判所」に提出します（民事保全法12条1項）。

　　仮差押命令申立書には、（ⅰ）当事者、（ⅱ）申立ての趣旨、（ⅲ）保全すべき権利、（ⅳ）保全の必要性を記載する必要があります（民事保全法13条）。

　　仮差押命令申立書における（ⅰ）当事者の記載ですが、申立人を債権者、相手方を債務者、相手方の差押対象となる債権の債務者を第三債務者といいます。

　　（ⅱ）申立ての趣旨は、どのような仮差押命令を求めるのかという結論を記載することになります。

　　（ⅲ）保全すべき権利は、仮差押手続による被保全債権である金銭請求権をいいます（損害賠償請求権等）。

　　（ⅳ）保全の必要性は、本案訴訟による判断を待たずに仮差押えをす

べき緊急の必要があることをいいます。なお、仮差押えは、突然に預貯金が引き出せなくなる結果、正常な取引が停止してしまったり、信用が毀損されてしまったりするなど、債務者に与える影響も大きいため、保全の必要性は慎重に判断される傾向にあります。例えば、債務者の預貯金の仮差押えを検討する場合には、預貯金の仮差押えよりも影響の少ない不動産の仮差押えが可能かどうかの調査を求められます。

③ 債権者面接

仮差押命令申立事件では、密行性が重視され、相手方に知られることなく保全命令を得る傾向にあるため、口頭弁論が行われずに（任意的口頭弁論、民事保全法3条）、書面審理のほか、必要に応じて債権者面接が行われます。

一方、債務者の面接は行われない傾向にあります。

④ 担保決定

債権者面接の結果、裁判所が仮差押命令の発令を相当と判断すると、担保決定がされることになります（民事保全法15条・20条）。

担保金の額については明確な基準はありませんが、被保全債権の10～30%とされることが多いようです。実際には、この担保金を用意することで苦労することも少なくありません。仮差押手続を検討する場合には、事前に依頼者とよく話し合い、担保金を用意できる目処がつくかどうかを確認しましょう。

5 仮処分

（1）係争物に関する仮処分とは

係争物に関する仮処分とは、係争中の特定物（非金銭債権）に対する債権者の引渡請求権・登記請求権の実現を確保するため、債務者に属する当該特定物の処分を制限しておくもの（民事保全法23条1項）であり、建物の占有移転禁止の仮処分や土地・建物の処分禁止の仮処分などが代表的なものとなります。

① 占有移転禁止の仮処分

占有移転禁止の仮処分とは、係争物に関する仮処分のうち、債権者の債務者に

対する引渡請求権の実現を確保するために、相手方がその係争物の占有を他に移転することを禁止しておくものをいいます。

例えば、甲が乙に対して一軒家を賃貸したところ、乙が賃料を支払わないので、甲は賃貸借契約を解除して貸家の明渡しを求めたものの、乙が貸家から退去しないような場合に、甲は、乙を被告とする貸家の明渡請求訴訟の提起に先立ち、乙を債務者として、この貸家につき占有移転禁止の仮処分を申し立てるというようなケースです。

② 処分禁止の仮処分

処分禁止の仮処分とは、係争物に関する仮処分のうち、債権者の債務者に対する登記手続請求権（不動産の売買であれば所有権移転登記手続請求権、抵当権の設定契約であれば抵当権設定登記手続請求権）などの実現を確保するために、相手方がその不動産を他に転売したり、その不動産に新たに抵当権を設定したりすることなどの法的権利の処分を禁止しておくものをいいます。

(2) 仮の地位を定める仮処分とは

仮の地位を定める仮処分とは、争いのある権利関係について現に債権者に生じる著しい損害や急迫の危険を回避するため、暫定的に必要な措置を命じるものをいいます（民事保全法23条2項）。

例えば、交通事故の被害者が受傷し、仕事もできず生活に困窮しているような場合、加害者である債務者に対し、訴訟提起に先立ち、損害賠償金の一部を仮に支払うよう求めたりするケースです。

（3）仮処分命令申立て

① 仮処分命令申立ての流れ

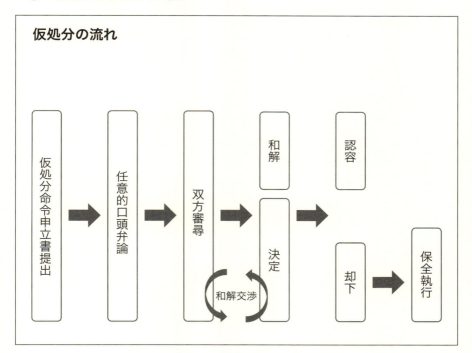

② 仮処分命令申立書の提出

　仮処分とは、紛争により生じている現在の危険や負担を取り除くために、本案訴訟の判決が確定するまでの間について、裁判所に暫定的な措置を求める手続をいいます。

　仮処分命令申立書は、管轄である「本案の管轄裁判所」又は「仮に差し押さえるべき物若しくは係争物の所在地を管轄する地方裁判所」に提出します（民事保全法12条1項）。

　仮処分命令申立書には、（ⅰ）当事者、（ⅱ）申立ての趣旨、（ⅲ）保全すべき権利、（ⅳ）保全の必要性を記載する必要があります。

　仮処分命令申立書における（ⅰ）当事者の記載ですが、申立人を債権者、相手方を債務者、相手方の差押対象となる債権の債務者を第三債務者といいます。

（ⅱ）申立ての趣旨は、どのような仮処分命令を求めるのかという結論を記載することになります。

（ⅲ）保全すべき権利は、仮処分手続によって保全する権利になります。

（ⅳ）保全の必要性は、本案訴訟による判断を待たずに仮処分をすべき緊急の必要があることをいいます。仮処分命令の申立にあたっては、債権者の生活の困窮を避けるために仮処分命令を早急に出すべき緊急の必要があることを主張・立証（疎明）する必要があります。

③　双方審尋

仮差押命令申立事件とは異なり、仮処分命令申立事件では、債権者のみならず債務者の双方を面接する手続を経なければ仮処分命令を発することができないという運用をされる傾向にあります。

審尋の方法については特段の制限はなく、裁判所が適当と認める方法によって行われます。債権者と債務者が交互又は同時に裁判官と面接して口頭で説明することもあれば、交互に書面を提出しあうということもあります。

仮処分命令申立事件では、債務者からも反論の機会が与えられるため、仮差押命令申立事件よりも決定が出るまでに長時間を要することになります。もっとも、仮処分命令申立事件は、迅速性も要求されるため、通常の訴訟手続よりは早めに審理を行う傾向にあります。

④　和解等による解決

仮処分命令申立事件では、双方審尋が行われた後、裁判所から和解の勧告がされることもあります。

裁判所の和解勧告の結果、仮処分命令申立事件のみならず、請求債権自体に関する和解が成立し、終局的な解決に至ることもあります。

もっとも、和解が成立せず、結局は本案訴訟まで発展してしまうこともあり得ますが、こうなると終局的な解決まで長時間を要することになります。

6 民事保全のメリット・デメリット

> 1 民事保全のメリット
>   1）相手方の資産・権利状態を保全できる
>   2）訴訟よりも迅速な解決が期待できる
> 2 民事保全のデメリット
>   1）担保金が必要（被保全債権額の10～30％）
>   2）損害賠償請求のリスク

（1）民事保全のメリット

　前記のとおり、民事保全は、将来の訴訟を予定した付随的な手続ですが、訴え提起前に申立てが可能である上（密行性）、申立てには厳格な証明まで要求されず（「疎明」で足りる）、迅速に手続を進めることができます。

　そして、仮差押えが認められることによって、債務者の預貯金等の財産を押さえることが可能となり、早期の債権回収を実現することも期待できる、強力な解決方法の1つといえます。

　民事保全は、相手方の資産・権利状態を保全するとともに、訴訟よりも迅速な解決が期待できる点が、大きなメリットといえます。

（2）民事保全のデメリット

　一方、民事保全は、債権者側にとって強力な手続である反面、債務者側に与える影響も大きいため、利用にあたっては担保金を提供する必要があります。民事保全を利用する際に用意すべき担保金の金額は、被保全債権額の10～30％と、決して小さくありません。民事保全の利用を検討する場合には、そもそも依頼者が担保金を用意することができるかどうかを考えなければなりません。

　また、民事保全が、後日理由がないものと判断された場合には、違法な民事保全申立てによって債務者が被った損害賠償責任を負担するおそれがあります。したがって、安易な民事保全の申立ては禁物であり、民事保全が認められるだけの

正当な理由があるかどうか、慎重に検討する必要があります。

7 債権者側の留意点

　債権者側として民事保全の申立てを検討する場合には、民事保全のメリット・デメリットをよく考える必要があります。
　民事保全申立てをすることによって早期に債権回収を図ることができる見通しが高い場合には、積極的に民事保全の申立てを検討することになるでしょう。一方、民事保全の申立ての理由が認められない可能性が考えられる場合には、担保金の負担や損害賠償請求されるリスクなどを考え、民事保全申立ては慎重に検討せざるを得ないといえます。
　なお、民事保全申立てをすることによって相手方の態度が変化し、早期に示談による解決が図ることができる場合も考えられます。債権者側として民事保全の申立てを検討する場合には、この点も視野に入れるようにしましょう。

8 債務者側の留意点

　民事保全の中でも特に仮差押えについては、その密行性ゆえに保全命令が発令された後に債務者側に連絡が来るため、債務者側としては事前に対策を講じにくいといえます。
　この場合、債務者側としては、保全異議を申し立てて民事保全の正当性を争い、債権者に対する損害賠償請求も視野に入れて、債権者側との交渉を進めていくことになるでしょう。

訴訟における留意点

Part 3

Chapter 1 本章の目的

> 1 訴訟上の留意点の理解
> 2 第一審～第三審における手続上の留意点の理解
> 3 原告側・被告側双方の留意点の理解

　民事弁護における弁護士の役割は、臨床法務、予防法務、戦略法務と多岐にわたりますが、中でも紛争の適切な解決を目的とする臨床法務は、中心的な役割といえます。

　そして、臨床法務における弁護士活動の中でも、訴訟業務は、弁護士が担当する中心的業務の1つといえます。

　もっとも、訴訟業務は複雑であり、高い技術が求められるため、習熟することは決して容易ではありません。また、三審制の下、第一審から第二審、第三審では、それぞれ手続上注意すべき点が異なりますので、訴訟業務における注意点や手続を、本書ですべて網羅的に取り上げることはできません。

　そこで、本章では、法律相談の現場において、弁護士が相談者に対して訴訟による解決方法をご説明する際、最低限把握しておくべき事項に主眼を置いて整理しました。

　また、弁護士は、原告側・被告側、いずれの立場からも相談を受ける可能性がありますが、訴訟業務では、原告側と被告側の立場によって注意すべき事項が異なる場合があります。本章では、訴訟において、原告側・被告側、それぞれの立場における留意点についても解説します。

総論

訴訟における留意点

訴訟と弁護士倫理	事実の評価：○ 事実の変更・作出：×
訴訟手続の留意点	準備書面の事前提出（期限厳守） 期日間の準備事項メモの作成 期日報告書の作成の重要性
訴訟の流れ	
第一審終了時の留意点	控訴期限の計算 控訴状提出先の確認
受任事件の精算	弁護士報酬の精算 預かり記録の返却

1 訴訟と弁護士倫理

　民事弁護における弁護士の活動領域は多岐にわたっていますが、依然として弁護士の主要な活動の1つは訴訟活動です。

　そして、弁護士が訴訟活動に携わるにあたっては、以下の弁護士倫理（日本弁護士連合会の「弁護士職務基本規程」（職務規程）において、行動規範が定められています）に留意しながら行う必要があります。

　当然ではありますが、当事者や証人への偽証等を唆したりすることは厳に慎まなければなりません。依頼者の利益を守ろうとするあまり、つい依頼者や証人への誘導をしてしまいがちになりますが、行き過ぎれば偽証等を唆し、事実を歪めることにもなりかねないことは常に意識しましょう。

【訴訟と弁護士倫理】
① 公正な裁判の実現と適正手続の確保（民事訴訟法2条・職務規程74条）
② 偽証若しくは虚偽の陳述の唆し、又は虚偽証拠の提出の禁止（職務規程75条）
③ 怠慢により又は不当な目的による裁判手続の遅延の禁止（職務規程76条）
④ 職務を行うにあたっての、裁判官、検察官その他の裁判手続に関わる公職にある者との縁故その他の私的関係の不当な利用の禁止（職務規程77条）

2 訴訟手続の留意点

(1) 準備書面等の事前提出

① 提出期限の厳守

　準備書面等の提出にあたっては、裁判長が提出期限を定めることになります（民事訴訟法162条）。

　提出期限は極力守るように常に意識しましょう。裁判所も相手方も、事前に提出書面を確認した上で次回期日に臨むことになりますので、期限を守って提出することが前提となります。提出期限を守ることができなければ、当事者は期限内に主張も整理できないほど問題があるのではないかと疑われてしまい、当事者にとっても不利になりますし、場合によっては時機に後れた攻撃防御方法として主張を却下されるおそれもあります（民事訴訟法157条）。

　やむを得ない事情により提出できない事情がある場合には、事前に裁判所へ連絡するようにしましょう。

② 準備書面や証拠申出書は直送が原則

　準備書面や証拠申出書は、相手方への直送（民事訴訟規則47条1項）が原則となります。

　通常はFAX送信を利用することが多いですが、カラー写真等を証拠として提

出する場合には、準備書面はFAX送信し、証拠は別途郵送するという方法をとることもあります。

【直送すべき書面】
- ☐ 答弁書（規則83条1項）
- ☐ 準備書面（同）
- ☐ 証拠申出書（規則99条2項）
- ☐ 尋問事項書（規則107条3項）
- ☐ 鑑定事項書（規則129条2項）
- ☐ 書証添付の訳文（規則138条1項）　　　　　　　　　　　　　　　　　など

【直送することができる書面】
- ☐ 書証の写し（規則137条2項）
- ☐ 証拠説明書（同）

他方、裁判所から送達すべき（直送できない）書面として規定されている書面は、以下のとおりです。

- ☐ 訴状（民事訴訟法138条1項）
- ☐ 訴えの変更（申立書等、民事訴訟法143条3項）
- ☐ 反訴状（民事訴訟法146条2項）
- ☐ 補助参加申出書（規則20条1項）
- ☐ 独立当事者参加申出書（民事訴訟法47条3項）
- ☐ 訴訟告知書（規則22条1項）
- ☐ 訴えの取下書（民事訴訟法261条4項）
- ☐ 控訴状（民事訴訟法289条1項）
- ☐ 上告状（規則189条2項）
- ☐ 上告理由書（規則198条）　　　　　　　　　　　　　　　　　　　　　など

③ 印刷等が不鮮明な場合はクリーンコピーの提出を要求する

なお、相手方から提出された準備書面の印刷が不鮮明であったり、カラー写真が白黒印刷で送付されてきたりしたような場合には、こちらから相手方に対し、クリーンコピーの提出を要求するようにしましょう。

（2）証拠の原本提出・原本確認の重要性

① 証拠の原本提出は期日において提示する

証拠を原本として提出する場合には、裁判期日に原本を持参し、裁判所と相手方に提示すれば足ります。

この点、裁判を初めて経験する方の中には、原本を裁判所に郵送しなければならないのではないかと悩む人もいますが、以上のように提示で足りますので、直接郵送する必要はありません。

② 証拠の原本確認の重要性

一方、相手方から証拠を原本として提出された場合、裁判期日の席上で原本の内容を確認する必要があります。

通常はこの期日中にしか確認する機会がありません。この機会で見落としたりした場合、あとでもう一度確認するということは難しくなります。

なお、証拠の内容によって原本確認の必要性は異なります。例えば、全部事項証明書の場合、わざわざ原本と写しの相違を確認する必要はありません。ですが、筆跡が問題となっている借用書の場合、写しでは確認できなかったものの、原本には不自然な改ざんの痕跡らしきものが残っていたりすることが考えられます。また、日記等の一部が抜粋されて証拠提出された場合、日記原本を確認すると、抜粋部分以外にもメモが残っており、こちらに有利な記載が見つかることもあります。その他、提出された証拠の写しは白黒だったためにわからなかったものの、原本を確認するとカラーで記載された箇所があったり、薄くて判読できなかった手書きのメモが見つかったりということもあったりします。

原本を確認する場面では、漫然と証拠を眺めるのではなく、写しでは確認できない不自然な箇所がないか等、注意して確認するようにしましょう。そして、原本に不自然な箇所があることに気がついた場合には、裁判所に申し入れて弁論調書に記載してもらったり、再度鮮明なカラー印刷で証拠を提出するよう要求したりするなどの対応をしましょう。

（3）期日間の準備事項メモの作成

　裁判期日前には、毎回期日で確認すべき事項を整理したメモを作成するようにしましょう。期日間の準備事項メモのイメージとしては、後に紹介する期日報告書の下書きになります。

　実際には、毎回の期日前に整理することは簡単ではありませんが、少なくとも箇条書き程度のメモでも事前に作成しておくことをお勧めします。簡単なメモ程度の作成をするだけでも、期日当日に注意すべき点などが明らかになり、当日の対応がスムーズになります。

　つい忙しさのあまり、自分の書面を期日内に提出した時点で安心してしまい、特に準備もせずに期日に臨んでしまうこともあるかもしれません。ですが、せっかく裁判所と相手方が顔を合わせる機会にもかかわらず、十分な打合せができずに期日が無駄に過ぎてしまうということにもなりかねません。また、仮に相手方が入念に準備を重ねた上で期日に臨んでくると、予期せぬ質問などを受けて適当な回答をしたために、不利な言質をとられるおそれもあります。

（4）訴訟記録の閲覧・謄写の重要性

　訴訟を途中で引き継いだ場合には、訴訟記録の閲覧・謄写は必ず行うようにしましょう。

　仮に依頼者本人や、依頼を受けていた前任の弁護士から、これまでに提出された準備書面等を受け取っていても、漏れがあることも少なくありません。

　また、裁判所が作成している弁論調書を確認することで、これまでの裁判の流れや、次回期日の準備事項を把握することができます。

　再度記録を謄写することは手間も費用もかかりますが、ミスを防ぐためにも惜しむべきではありません。

　なお、裁判所の事件記録は次のように3つに区分されていますので、閲覧・謄写の際に参考にするとよいでしょう。

第1分類　弁論関係の書類
- ☐　調書（口頭弁論調書、弁論準備手続調書、和解期日調書等）
- ☐　訴訟の終了を明らかにする書類（判決書、和解・放棄・認諾調書等）
- ☐　当事者の主張を明らかにする書類（訴状、答弁書、準備書面等）

第2分類　証拠関係書類
- ☐　書証目録・証人等目録
- ☐　証拠説明書
- ☐　書証の写し
- ☐　証拠調べ調書
- ☐　証拠申出書等

第3分類　その他の書類
- ☐　訴訟代理権を証する委任状
- ☐　法人の代表者の資格を証する書面
- ☐　送達報告書等

（5）期日報告書の作成の重要性

　また、各裁判期日が終わるたびに、依頼者には裁判の内容を報告するようにしましょう。

　理想としては、①裁判期日が終わった当日中に電話等で概要を報告した後、②翌日までに期日内容を整理した報告書を送るべきです。

　期日報告書を作成することで、裁判に参加していない依頼者も期日の内容を把握することができるだけでなく、依頼した弁護士がどのような対応をしてくれているのかを把握することができます。

　また、弁護士にとっても、次回期日までに何を準備すべきかを整理することができ、ミスを防ぐことができます。

___Part 3___
訴訟における留意点

平成●年●月●日

〒●
●県●市● 1234
● 様

〒300-1234　茨城県牛久市中央5丁目20-11
　　　　　牛久駅前ビル　501
　　　　　弁護士法人長瀬総合法律事務所
　　　　　TEL029-875-8180/FAX050-3730-0060
　　　　　弁護士　長　瀬　佑　志

期　日　報　告　書

拝啓　時下ますますご健勝のこととお慶び申し上げます。
　●地方裁判所平成●年（ワ）第●号●事件についてご報告申し上げます。

裁判日時	平成●年●月●日（●）　10:00～10:30
裁判回数	●回目
出席者	1.　原告訴訟代理人 2.　被告訴訟代理人 3.　●裁判官
期日内容　原告	1.　平成●年●月●日付け第1準備書面　陳述 2.　甲第●号証　提出
期日内容　被告	1.　平成●年●月●日付け準備書面（2）　陳述
期日内容　裁判所	【争点整理】 1.　本件の争点は、①●、②●、の2点であることを確認した。 【次回期日までの準備事項】 2.　原告側は、●の点に関し、●月●日までに準備書面を提出する。 3.　被告側は、●の点に関し、●月●日までに準備書面を提出する。
次回期日	平成●年●月●日（●）　11時00分
備　考	【双方】●月●日までに準備書面を提出する。

　　　　　　　　　　　　　　　　　　　　　　　　　　　　敬具

(6) 依頼者に対する訴訟の経過報告・打合せ

　期日報告書の作成と重複しますが、依頼者には訴訟の進展がある都度、こまめに経過を報告しましょう。
　また、必要に応じて、依頼者との打合せも積極的に行うべきです。訴訟係属中に依頼者と密に意思疎通を重ねることで、依頼者からの信頼が高まるばかりでなく、より詳細かつ正確な事実関係を把握し、適切な訴訟対応が可能となります。

Chapter 3 第一審

1 第一審の流れ

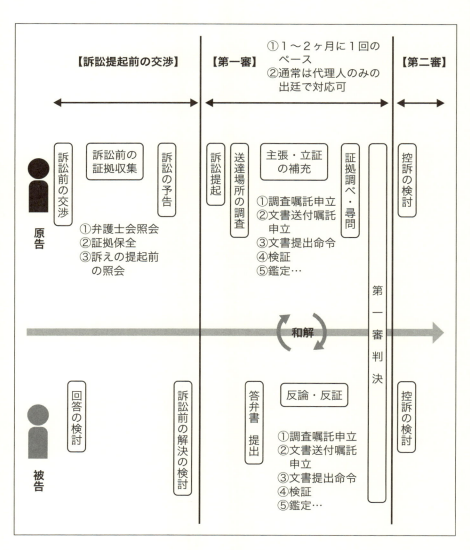

2 訴訟提起前の準備事項

(1) 原告側

① 訴訟前の交渉

原告側は、訴訟を提起するか、訴訟を提起せずに交渉による解決を図るか、の主導権を握っていることが通常です。

原告側としては、訴訟提起することによる負担や、訴訟となった場合の見通しを踏まえて、訴訟提起と交渉による解決のいずれを優先するか、を検討することになります。

② 訴訟前の証拠収集

原告側は、訴訟提起前の交渉段階においても、交渉を有利に進めるために、証拠の収集を検討することになります。

最も簡易な証拠収集方法としては、依頼者から提供してもらうことですが、第三者が保持している情報等、依頼者では入手することが困難な証拠も考えられます。

このように、依頼者から入手することが困難な証拠を収集する方法として、以下の手続を選択することが考えられます。

- ・ 弁護士会照会（弁護士法23条の2）
- ・ 証拠保全（民事訴訟法234条）
- ・ 訴え提起前の照会（民事訴訟法132条の2）

各証拠収集方法のメリット・デメリットは以下のとおりです。

訴え提起前の証拠収集方法のメリット・デメリット

収集方法	メリット	デメリット
弁護士会照会	☐ 相手方に知られずに調査することが可能 ☐ 第三者に対しても照会が可能	☐ 手数料を要する ☐ 弁護士会の審査によって申立の可否・内容が判断される ☐ 回答を拒否される場合がある
証拠保全	☐ 裁判所の決定があれば拒否されない ☐ 相手方が保持する証拠を網羅的に確認することが可能 ☐ 証拠が改ざんされるリスクを回避できる	☐ 疎明が不足していれば認められない ☐ 証拠保全申立の時間的・経済的負担が大きい ☐ 相手方に知られることになる
訴え提起前の照会	☐ 相手方に回答義務がある	☐ 相手方に知られることになる ☐ 回答拒否事由がある（民事訴訟法132条の2第1項但書）

・ 弁護士会照会（弁護士法23条の2）

　弁護士会照会とは、弁護士が依頼を受けた事件について、証拠や資料を収集し、事実を調査するなど、その職務活動を円滑に行うために設けられた法律上の制度（弁護士法第23条の2）です。個々の弁護士が行うものではなく、弁護士会がその必要性と相当性について審査を行った上で照会を行う仕組みになっています。

　弁護士会照会は、法律で規定されている制度であり、照会の必要性と相当性が認められる以上、照会を受けた官公庁や企業、事業所などは、原則として回答・報告する義務があります（大阪高判平成19年1月30日判時1962号78頁 等）。

【メリット】

　弁護士会照会は、相手方（被告）に対し、照会を申し立てたかどうかを知られずに利用することが可能です。したがって、弁護士会照会の回答結果について、申立人（原告）側にとって有利にはならない回答結果だったとしても、相手方（被告）側には知られないというメリットがあります。

　また、弁護士会照会は、紛争の相手方（被告）に対してだけではなく、第三者

に対しても照会を行うことが可能です。

【デメリット】

　弁護士会照会は、申立て時に弁護士会へ手数料を支払う必要があります。1件あたり数千円程度になりますが、弁護士会照会の申し出先が複数にわたるときには相応の費用を要するため、事前に依頼者と協議することも検討しましょう。

　また、弁護士会照会の申立てにあたっては、弁護士会の審査を経る必要があります。弁護士会の審査の結果、関係者のプライバシー等を侵害するおそれがある等の事情があると判断された場合には、弁護士会照会申立が認められないということもあり得ます。

　さらに、弁護士会照会には原則として回答義務があるとされていますが、照会先から回答を拒否されてしまうこともあります。したがって、弁護士会照会を申し立てれば、必ず意中の証拠が手に入るとは限らないことにご留意ください。

- **証拠保全（民事訴訟法234条）**

　証拠保全とは、あらかじめ証拠調べをしておかなければその証拠の使用が困難となる事情がある場合に、訴訟における本来の証拠調べの時期に先立って裁判所が証拠調べをしてその結果を保全しておくための訴訟手続をいいます（民事訴訟法234条）。

【メリット】

　証拠保全は、訴訟における本来の証拠調べの時期に先立って裁判所が証拠調べをしてその結果を保全するという手続であるため、裁判所の決定があれば、相手方は証拠調べを拒否できないことになります。

　また、多くの場合、裁判所が検証の目的物の保管場所に赴いて、当該目的物の検証を実施する方法による証拠調べを行うため、保管場所における証拠を網羅的に確認することが可能です。さらに、執行官送達によった場合、証拠調べ期日予定時間の約1時間前に相手方に送達されるため、相手方が証拠を改ざんするリスクを回避することができます。

【デメリット】

　一方で、証拠保全は証拠保全を利用する必要性を疎明しなければならず、証拠保全申立の準備にあたり、疎明に足りるだけの証拠の用意等、時間的・経済的負担を要することになります。

　また、裁判所が証拠調べを行うことになるため、当然相手方も申立人側が訴訟

- 　訴え提起前の照会（民事訴訟法132条の2以下）

　訴え提起前の照会とは、提訴予告通知制度を利用することにより、訴え提起前に、相手方への照会及び裁判所に対して訴え提起前の証拠収集処分を申し立てることができるという制度です。

【メリット】

　訴え提起前の照会を受けた相手方には回答義務があるため、申立人側にとって有利な証拠を得るだけでなく、相手方の回答態度を訴訟における有利な事実として利用することが考えられます。

【デメリット】

　訴え提起前の照会を利用した場合には、相手方も知るところとなります。また、訴え提起前の照会には回答拒否事由が法定されているため（民事訴訟法132条の2第1項但書）、必ずしも回答を得ることができるとは限りません。

③　訴訟の告知

　交渉から訴訟へと移行するにあたり、実務上、原告側が相手方に対し、交渉に応じない場合には訴訟を提起する予定がある旨を通知することがあります。

　交渉から訴訟へ移行する旨の告知について、法律上の義務はありませんが、早期に示談交渉による解決を目指している場合には、相手方に対し、話し合いによる解決を促すために用いることがあります。

　もっとも、訴訟告知の表現が度を過ぎていると捉えられるおそれがある場合には、不相当と評価されるリスクもあります。したがって、訴訟告知をするかどうか、また訴訟告知をするとしてどの時機に、どのような表現で行うかは、慎重に検討するようにしましょう。

④　被告の送達場所の確認

　訴訟を提起する段階では、被告の送達場所を確認する必要があります。

　訴訟提起前の交渉段階において、通知書が被告に到達し、交渉のやりとりがある場合には特に問題はありませんが、通知書を送付しても何ら回答がない場合には、送達場所が問題となることが予想されます。訴訟提起前の交渉段階で被告と交渉できていない場合には、事前に被告の住民票を取得するなどして住所地を確認しておくようにした方がよいでしょう。

なお、訴状を提出し、裁判所から被告宛に送付しても訴状が到達しない場合には、後記のとおり、郵便送達や公示送達を検討することになります。

（2）被告側

① 訴訟前の交渉への対応

原告側から訴訟提起前の交渉が打診されている場合には、訴訟に移行させずに示談による早期解決をするかどうかを検討することになります。訴訟前の交渉段階では、原告側が交渉による早期解決を望んでいるかどうかを探ることが、被告側の対応を見極める上で重要なポイントとなります。

原告側が交渉による早期解決を望んでいる場合には、ある程度解決水準が低かったとしても、原告側も譲歩してくることが考えられます。一方、原告側が交渉による早期解決よりも解決水準を高めることを望んでいる場合には、被告側から交渉段階で積極的に回答したとしても、その後の訴訟等に移行した際に、原告側にとって有利な事実や証拠を作ってしまうだけとなるリスクがあり、被告にとっては望ましくない展開となってしまいます。このように、原告側が早期解決を望んでいるとは考えにくい場合には、被告側としても将来訴訟に移行することを見据えて交渉に対応する必要があります。

原告側が交渉による早期解決を望んでいると判断するポイントの1つとして、原告側が積極的に接触を図ってくるかどうかという点が挙げられます。原告側から被告に対して何度も接触してくる場合には、原告としても訴訟ではなく交渉による早期解決を望んでいる可能性が高いといえます。逆に、原告側から、当初の請求書の送付後、ほとんど接触がないという場合には、単に被告側の回答姿勢を確認するために打診したにすぎなかったり、訴訟へ移行した際に被告側の回答姿勢を証拠として提示したりするために交渉を求めたにすぎない可能性があります。このように、原告側の交渉姿勢を見極めた上で、被告側の交渉姿勢を検討する必要があります。

被告側としても、訴訟にまで発展させたくないと考えている場合には、むしろ被告側からあまり間隔を置かず、積極的に交渉を申し入れていく必要もあるでしょう。ただし、あまりにも頻繁に被告側から原告側に対して接触を図ることは、原告側からすれば、「被告側は訴訟に移行されたくないようだから、ある程度強気に提示しても、こちらの要求を受け入れるだろう」と察知されてしまうことに

なります。

被告側としては、何を優先するのかを決めた上で、原告側の交渉姿勢から、原告側の要求するところを見極めて交渉対応を進める必要があります。

② 訴訟前の証拠収集への対応

被告側は、原告側の各種証拠収集の申立てについて、そもそも被告側が回答する必要があるかどうかを検討することになります。

被告側としては、本来回答する必要がないにもかかわらず原告側に対して不必要に回答することは避けるべきといえます。もっとも、原告が収集した証拠が、被告にとっても有利に利用できる可能性はありますので、原告が収集した証拠については、被告側でも検討するようにしましょう。

また、原告側の証拠収集方法が不相当であると考えられる場合には、原告側に対し、証拠収集方法の違法性を指摘することも考えられます。

③ 訴訟の告知への対応

原告側から訴訟の告知があった場合、被告側としては、訴訟に移行してもやむを得ないと考えるか、交渉による早期解決を優先するかによって、対応が異なってくることになります。

もっとも、交渉による早期解決を優先したいと考え、慌てて原告側に回答すれば、原告側に足元を見られるというリスクが増すことになります。被告側としては、交渉による早期解決と、被告側が希望する解決水準に近づけることのどちらを優先するか、天秤にかけて交渉に臨むことになります。

3 訴訟の提起

(1) 原告側

① 訴訟の提起

訴訟の提起にあたっては、訴状を裁判所に提出することになります（民事訴訟法133条）。

訴状を提出する際には、正本のほか、被告の数に応じた副本、収入印紙、送達のための予納郵便切手、訴訟委任状、当事者が法人である場合には商業登記等を用意する必要があります。

訴状の主な点検事項

東京地方裁判所民事事件係

私たちは主にここを見ています。　　　提出者御自身による点検用として御利用ください。

点検事項	点検の要領	参考法令
記載事項		
□ あて名	東京地方裁判所あてになっているか	規2 I ⑤
□ 付属書類の表示	添付した書類が表示されているか（委任状，資格証明書，証拠説明書，登記簿謄本，固定資産評価証明書，調停不成立証明書等）	規2 I ③
□ 当事者の氏名，名称，住所	委任状の記載と合致しているか	法133 II ①，規2 I ①
□ 法定代理人の氏名	戸籍謄本，資格証明書等の記載と合致しているか	法133 II ①，規2 I ①
□ 訴訟代理人の氏名，住所	委任状，資格証明書に記載されているか	規2 I ①
□ 送達場所の届出	代理人が1名の場合でも必要。代理人事務所が複数ある場合はどれか1つを指定。本人との関係の記載	規41 I，II
□ 郵便番号，電話番号，ファクシミリ番号の記載		規53 IV
□ 作成年月日	空欄になっていないか	規2 I ④
□ 作成名義人の表示(記名)，押印，契印又はページ番号	契印（割印）がない場合，それに代わる措置（ページ番号付与等）が講じられているか（別紙は独立ページでも可）	規2 I 柱書
□ 作成名義人の資格		
□ 請求の趣旨	請求が特定されているか。引用した目録がついているか	法133 II ②
□ 請求の原因	請求の趣旨記載の請求を特定しているか	法133 II ②
□ 証拠保全事件の表示	訴え提起前に証拠保全を行った場合	規54
添付書類		
□ 郵便切手	当事者数に応じた所定の額が添付されているか	費用法12 I，13
□ 訴状，甲号証副本	被告の人数分あるか	規58 I，137 I
□ 資格証明書	商業登記簿謄本，登記事項証明書，破産管財人選任証明書，更生管財人証明書，当事者選定書，戸籍謄本等	規15, 18, 破産規則23 III，会社更生規則20 III，例外：規14
□ 委任状	委任事項が請求と一致しているか	規23 I
□ 登記簿謄本，手形又は小切手の写し	不動産に関する事件，手形又は小切手に関する事件〔手形（小切手）訴訟事件は民事第8部で受付〕の場合	規55 I
□ 証拠説明書	文書の記載から明らかな場合は不要	規137 I
□ 訳文	外国へ送達する場合，外国語の書証	民訴手続条約実施規則2 I，規138
□ 訴額算定資料	固定資産評価証明書は対象物件のものか。価格証明として適当か	法8, 15
□ 調停不成立証明書	調停前置の場合又は調停不成立後2週間以内に訴え提起の場合	民調19, 24の2，費用法5
□ 手数料納付証明書	手数料を納付したものとみなされる場合	費用法5
□ 裁決書謄本	審査請求前置の場合	行訴8 I 但書，8 II
□ 管轄合意書	専属管轄の定めのない場合に限る	法11 II
□ 訴え提起許可等証明書		破78 II ⑩，地自96 I ⑫，会社更生72 II・，同32
□ 訴状写し（協力依頼）	行政事件及び労働事件は1部，特許，実用新案の事件は5部，その他の知的財産権関係事件は4部を添付	
□ 書証写し（協力依頼）	特許，実用新案の事件は4部，その他の知的財産権関係事件は3部を添付	
その他		
□ 管轄	管轄はあるか。専属管轄でないか。	法4, 5, 6, 7, 11, 12, 15，行訴12号
□ 法定代理人の資格		規15
□ 法人の代表者の資格	資格証明書（3ヶ月以内のもの）に記載されているか	規18, 15
□ 訴額	訴額は正しいか	法8, 9, 15
□ 手数料の納付	訴額に対応する収入印紙がちょう付されているか	費用法3 I，8本文
□ 共同訴訟	要件を満たしているか	法38，行訴17 I
□ 併合，反訴の制限	特に行政訴訟の場合	法136, 146，行訴16 I
□ 出訴期間	行訴14 I，民201 I，会社法828, 832, 831, 865等	

（平19.1.1現在）

Part 3
訴訟における留意点

　なお、収入印紙は、訴額の算定ミスなどもあり得ますので、訴状原本には貼り付けず、封筒に同封して郵送することが通常です。
　訴状を作成した後、前頁のようなチェックシートを利用して、訴状の内容を確認するとよいでしょう。
　訴状提出後、訴状等に不備な点があると、書記官から任意の補正、追完の連絡があります。補正等をする場合には、書記官に以下の点を確認するようにしましょう。

（ⅰ）　事件番号
（ⅱ）　担当部・担当係
（ⅲ）　担当部・担当係の電話番号・FAX番号
（ⅳ）　補正等の方法（訴状訂正申立書の提出又は提出済みの正本・副本の訂正・差替え）
（ⅴ）　書面提出が必要な場合の提出方法（郵送又はFAX）

　その後、裁判所が早期に適切な審理計画を立て、事件の種類や内容に応じた実質的な審理を行うために、訴訟の進行に関する意見その他訴訟の進行について参考とすべき事項の聴取（民事訴訟規則61条）が行われます。実務上では、書記官より「訴訟進行に関する照会書」が送付されてきますので、早めに回答するようにしましょう。
　また、担当書記官から、電話やFAXで第1回口頭弁論期日の日程調整に関する連絡が来ます。日程調整の上、第1回口頭弁論期日の日時が指定されたら、「期日請書」を提出しましょう。

②　送達

　訴状審査や期日指定の後、裁判所から訴状の副本等が被告に送達されます（民事訴訟法138条1項、民事訴訟規則58条1項）。
　通常は、郵便による送達の方法（特別送達）が用いられることが大半ですが、不送達となった場合、担当書記官が原告代理人に対し、被告の就業場所の調査や住民票の取り寄せ、住所地の現地調査及びその報告書の提出を依頼することがあります。

【現地調査報告書の記載事項】
(ⅰ)　いつ、誰が、どこを調査したのか
(ⅱ)　水道・電気のメーターのチェック
(ⅲ)　洗濯物の有無
(ⅳ)　表札、新聞、郵便物の状況
(ⅴ)　管理人や近隣からの聴き取り
(ⅵ)　結論（原告代理人の所見）
　　例1）「以上の諸事情により、被告が本件建物に居住していることが明らかであるので、付郵便にされたい。」
　　例2）「以上の諸事情により、被告が本件建物に居住していないことが明らかであるので、公示送達をされたい。」

　また、「当事者の住所、居所その他送達をすべき場所が知れない場合」（民事訴訟法110条1項）等には、当事者の申立てによって、公示送達を求めることができます。公示送達を行う場合にも、当事者の送達場所が不明であることを確認するための調査報告書を提出することになります。公示送達を申し立てる場合に必要な調査報告書は、各裁判所のホームページに書式が掲載されていることがありますので、事前に係属裁判所のホームページをご確認いただくとよいでしょう（以下は、東京地方裁判所の掲載例（http://www.courts.go.jp/tokyo/vcms_lf/skk_mail-kouji_10.pdf）です）。

Part 3
訴訟における留意点

（別紙）

調査報告書

下記のとおり，申立書記載の住居所について調査した結果は，下記のとおりです。なお，債務者の就業場所等他に送達すべき場所は不明です。

記

調 査 者　氏名
調査の日時　平成　　年　　月　　日午前・午後　　時　　分　頃
調査の場所　住所
建物の外観　ビル・集合住宅・一戸建
表札の有無　あり・なし
電気メーター　動いている（微動・勢いよく動いている）・停止している
生 活 感　あり・なし
郵 便 物　たまっている（不在の様子）・たまっていない（回収されている様子）
呼び鈴に対する応答　あり・なし
応 答 者　氏名
近隣への聞き込み結果
　　　　　対象者の氏名
　　　　　聴取内容

なお、担当書記官が公示送達相当と判断した場合には、原告代理人は、第1回口頭弁論期日に弁論を終結するために、早期に書証を提出し、担当書記官による書証の公示送達を可能にする必要があります。

③ 第1回口頭弁論期日に和解を成立させるための事前準備

訴状が被告に送達されると、被告が裁判所や原告代理人に連絡をすることがあります。

被告から連絡を受けた担当書記官は、被告から、訴状に対する認否を聴き、認める場合には和解可能な支払金額等を聴き取り、入手した情報を裁判官及び原告代理人に連絡します。連絡を受けた原告代理人は、できるだけ第1回口頭弁論期日に和解が成立するよう、早急に和解成立の可否についての検討をすることが望ましいでしょう。

他方、被告から連絡を受けた原告代理人は、第1回口頭弁論期日に和解が成立する見込みとなった場合には、速やかに担当書記官にその旨を連絡し、和解条項案を事前に送付するとよいでしょう。担当書記官が和解条項をチェックした上で和解調書作成の準備ができるので、和解調書が早期に完成することとなります。

(2) 被告側

① 移送申立ての検討

裁判所から訴状等が届いたら、まず管轄を確認し、管轄違い等がある場合には移送申立てを検討するようにしましょう。

移送申立ては、実務上、被告から答弁書を提出する前に（場合によっては答弁書とともに）、移送申立書を裁判所に提出します。移送申立書が提出されると、裁判所は、原告に移送申立てに対する意見書の提出を求め、原告の意見を踏まえて移送申立てに対する判断を行うこととなります。移送申立てに対する判断がなされるまでには時間がかかることが通常ですから、移送申立てがなされると、既に指定されている第1回口頭弁論期日の指定が取り消されることが多いようです。

なお、被告の出頭の負担を軽減する方法としては、移送申立てのほかにも、第1回期日を弁論準備手続期日とした上で被告が電話会議システムにより期日に参加することが考えられます。

② 答弁書の提出

第1回口頭弁論期日までに被告が答弁書を提出しなければ、擬制自白（民事訴訟法159条3項）が成立してしまうため、被告が原告の請求を争う場合には、必ず答弁書を提出しなければなりません。

答弁書では、「請求の趣旨に対する答弁」において、原告の請求に理由がないとして棄却を求める旨、付随的申立てとして訴訟費用は原告の負担とする旨を記載します。実務上では、第1回口頭弁論期日までに被告からの事実確認が未了である場合が多いため、「請求の原因に対する認否」「被告の主張」については「追って認否する」「追って主張する」とのみ記載した答弁書を作成し、裁判所と原告に提出及び直送することとなります。

また、被告代理人は、第1回口頭弁論期日を欠席し、答弁書を擬制陳述（民事訴訟法158条）とすることが実務上多いですが、欠席の旨を答弁書に記載する等、事前に裁判所に連絡するようにしましょう。この場合、第1回口頭弁論期日前に、担当書記官から続行期日の日程調整の連絡がくることがあります。

4　訴訟の審理

(1) 第1回口頭弁論期日

弁護士が代理人として選任されている場合、当事者本人の出席は必要とされていないため、通常は弁護士のみの出席で対応します。

そして、第1回口頭弁論期日では、訴状及び答弁書の陳述（被告欠席の場合には擬制陳述（民事訴訟法158条））が行われた後、次回期日の指定がなされます。

被告が答弁書等を提出しないときは、擬制自白（民事訴訟法159条3項）が成立し、弁論が終結され、直ちに調書判決の方法により、いわゆる欠席判決をすることができます（民事訴訟法254条1項1号）。

(2) その後の弁論期日（弁論準備手続期日等）

第2回期日以降は、各争点に関する主張・立証を当事者双方で行って進めていくことになります。

概ね期日の1週間前に書面の提出期限が設定されますので、極力守るように常

に意識しましょう。

　また、被告が複数名おり、各被告に代理人がついている場合や、医療裁判のように書証の種類を符号で分けているような場合など、書証の符号の付け方に一定のルールがある時には、担当書記官に相談するようにしましょう。

　各期日は、概ね1～2ヵ月に1回の頻度で行われます（夏季休廷等があればさらに間隔が空くこともあります）。

　ア　弁論準備期日

　弁論準備手続期日は、公開の法廷で行う必要がありませんので、ラウンドテーブル法廷等で行われることとなります。裁判所が相当と認めて許した者以外は傍聴することができませんが（民事訴訟法169条2項）、当事者が申し出た者は傍聴が許されることが多いようですので、傍聴希望者がいる場合には事前に担当書記官に連絡しておきましょう。また、弁論準備手続期日は、電話会議システムを利用して行うことができます（民事訴訟法170条3項）。

　イ　文書送付嘱託と文書提出命令

　当事者が文書の所持者にその文書の送付を求める方法として、文書提出命令の申立て（民事訴訟法219条）と文書送付嘱託の申立て（民事訴訟法226条1項）があります。文書の所持者による任意の提出が見込まれる場合には、後者を申し立てることが通常であるといえます。

　実務では、文書の所持者が訴訟の相手方やその関係者である場合には、いきなり文書提出命令の申立てをするのではなく、まずは文書送付嘱託で任意の提出を求め、任意に提出されない場合には、文書提出命令の申立てをすることが多いようです。

　文書提出命令を申し立てられた相手方は、裁判所に対して意見書を提出することになりますが、裁判所により認容される可能性が高い場合には、決定に先立って裁判所と交渉し、提出範囲の限定やマスキング等をした上で任意に開示し、申立てが却下されるよう働きかけるべきこととなります。

（3）証拠調べ期日

　期日を重ねていくことで徐々に争点に関する主張・立証が整理され、十分に争点整理が行われた段階で、証人尋問が行われます。なお、証人尋問の前には、双方から陳述書の提出がなされることが一般的です。

人証を申請する場合、期日間に証拠申出書・尋問事項書を提出しましょう。相手方が人証申請している場合でも、自らも主尋問を行いたい場合には、重ねて人証申請するようにしましょう。

また、双方代理人は、事前に証人に出頭を依頼して、証人と同行するようにしましょう。なお、事前には証人テストを必ず行うようにしましょう。

尋問の際には、以下を心がけるようにしましょう。

① 争点に関わる重要な部分に絞って尋問すること

尋問では、事前に定められた尋問時間を厳守することが望まれます。時間になったら尋問の打ち切りを促す裁判官もいますので、時間への配慮には注意が必要です。

② 機材の準備

尋問に機材（プロジェクター、パワーポイントなど）が必要な場合には、機材の予約等の準備が必要な場合があるため、担当書記官になるべく早く連絡をするようにしましょう。

③ 録音への配慮

質問者と回答者の声が重ならないように配慮が必要です。声が重なると、その部分の録音が不十分となり、尋問の大事な部分が調書にならない、すなわち証拠とならないこともあり得ます。証人にもその旨を説明しておくことが望ましいでしょう。

④ 尋問終了後の和解

なお、事案によっては、証人尋問の前後で和解が試みられることがあります。代理人は、裁判官の開示した心証に従った判決が出る可能性が高いことを念頭において、和解で解決するかどうかを慎重に検討しましょう。

最終準備書面を作成する場合には、尋問調書の謄写をして調書の内容を確認しましょう。

（4）訴訟の終了

① 和解

和解による解決のメリットは、当事者である程度結論をコントロールできるところにあります。もちろん、譲歩すべき点は譲歩しなければ和解にはなりませんが、裁判所によって予想もしない結論を下されるという事態は回避できます。

また、和解であれば、判決では得ることができない内容を獲得することも期待できます。例えば、深刻な学校事故のような事案では、相手方に対して再発防止策を講じるよう要請することを和解条項に盛り込むことなどがあります。和解は非常に柔軟性に富む制度であるため、事案に応じてうまく利用するようにしていきましょう。
　和解を成立させるためには、和解の成立の可能性や裁判官からの和解勧告等の依頼など、和解に関する情報を担当書記官に伝え、代理人として担当書記官を積極的に利用する姿勢で臨みましょう。
　また、当事者間で期日間に合意に達した場合には、和解条項案を担当書記官に事前に書面で連絡するとよいでしょう。

②　判決
　判決は、裁判所による判断によって終局的な解決を得る手続といえます。
　調書判決に訴状写しを引用する場合には、担当書記官から原告代理人に対し、訴状写しや電子データの提出を依頼されることがありますので、協力するようにしましょう。
　通常、判決期日には代理人は出席しませんので、判決書の送達（郵送）を希望するのか、係属部の書記官室に受領しに行くのかを事前に担当書記官に伝えておくとよいでしょう。
　また、判決を得る場合には、それまでの裁判所の訴訟指揮等から、ある程度は判決内容を予想し、控訴するかどうかを事前に検討しておきましょう。控訴期間は判決書の送達を受けた日から2週間と定められています（民事訴訟法285条）が、いざ判決書が届いてから対応しようとすると、控訴の準備が間に合わなくなるおそれがあります。
　さらに、社会的注目を集める事案では、記者会見を開くこともあります。判決期日にあわせて記者会見を開く事案では、事前に司法記者向けに連絡したり、会見場所を手配したりするなどの準備が必要となります。

Chapter 4 控訴審

1 控訴審の流れ

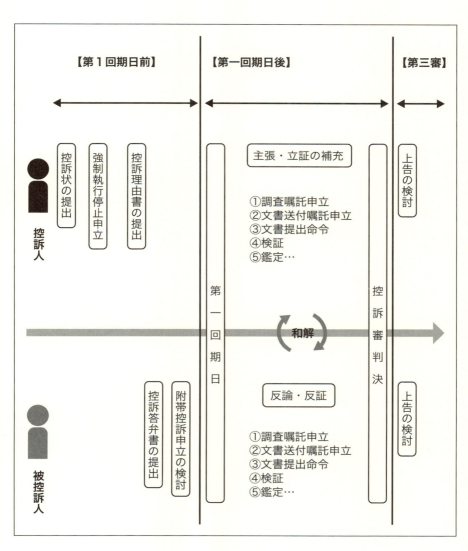

2 控訴の提起

(1) 控訴人側

① 控訴提起準備（控訴状・控訴理由書の提出）

　第一審の判決内容に不服がある場合、判決書の送達を受けた日から2週間以内に第一審裁判所に対して控訴審裁判所宛の控訴状を提出します（民事訴訟法285条）。控訴人は、控訴期間の計算のほか、控訴状の提出先を必ず確認しておきましょう。また、提出後、第一審裁判所に対し、控訴状が届いているかどうかの確認もするとよいでしょう。

　控訴理由書は、控訴の提起後50日以内に提出することとされていますが、当該期間内に控訴理由書の提出がなかったとしても直ちに控訴が却下されるわけではありません。もっとも、期限遵守は常に意識しましょう。

② 強制執行停止

　第一審判決の主文に仮執行宣言が付されている場合には、判決が確定する前であっても強制執行がなされる可能性があります。

　控訴人が強制執行を避けたい場合には、強制執行がなされる前に第一審判決の主文における認容額を一旦支払ってしまうか、あるいは強制執行停止の申立て（民事訴訟法403条1項3号）を検討する必要があります。

　強制執行停止の申立ては、第一審の裁判所に対してすることとなります。裁判所は、強制執行停止決定をする際に、担保を一定期間内に提供するよう求めてきますので、担保金（第一審判決の認容額の6～8割程度）を準備しておく必要があります。

　なお、強制執行停止の申立てを行う場合に、申立人自身が担保金の供託を行うと、供託した担保金を申立人の財産として差し押さえられてしまうおそれがある場合等には、申立人代理人弁護士が、第三者供託を選択する場合があります。申立人代理人弁護士が第三者供託をする場合には、強制執行停止の申立てと同時に、第三者供託の許可に関する上申書を裁判所に提出することになります。

　また、強制執行停止の申立てをする場合には、事前に被控訴人側に対して、強制執行停止申立てをする予定であることを通知し、仮執行宣言に基づく強制執行

の申立てを差し控えるように牽制しておくことも考えられます。一度強制執行が申し立てられてしまうと、事後的に回復することが困難であるため、事前に被控訴人側に通知して対応しておくことが無難といえます。

(2) 被控訴人側

① 控訴提起の確認

控訴提起があったかどうかは、控訴期間経過後に第一審裁判所の担当書記官に電話で確認することができます。控訴提起があった場合、控訴状副本等が送達されてきます。

② 附帯控訴の検討

被控訴人は、控訴期間経過後も附帯控訴をすることができます（民事訴訟法293条1項）。第一審判決が被控訴人の全面勝訴以外であれば、附帯控訴をすることが考えられます。

③ 控訴答弁書の作成

基本的には第一審の答弁書と同じですが、第一審判決の問題点等も記載することができます。

なお、訴訟費用について、既に第一審判決において控訴人側が負担する旨の判断がなされている場合には、控訴答弁書において「控訴費用は控訴人の負担とする」と記載するのみで足りることとなります。

3 控訴審の審理

(1) 第1回口頭弁論期日

控訴審の第1回口頭弁論期日では、まず控訴状・控訴答弁書の控訴の趣旨部分の陳述（被控訴人欠席の場合は擬制陳述）が行われます。そして、弁論の更新がされた後、控訴答弁書の残部やその他の準備書面の陳述、書証の取調べ等が行われます。

その後、裁判所から当事者双方に対して追加主張・立証の有無の確認がなされ、弁論終結して判決言渡し期日を指定するか、続行期日が指定されます。

なお、控訴審では、第1回口頭弁論期日において直ちに弁論終結されることが

全体の約80％とされています。そして、第1回口頭弁論期日において直ちに弁論終結される場合には、第一審判決を維持される傾向にあるといえます（ただし、第1回口頭弁論期日において弁論終結となったとしても、控訴人側にとって有利な判決に変更となるケースもないわけではありません）。

なお、第1回口頭弁論期日において直ちに弁論終結となった場合でも、その後に和解期日が設定される傾向にあります。控訴人、被控訴人いずれの立場であっても、控訴審における第1回口頭弁論期日では、和解の打診がありうることを念頭に置いておき、依頼者と事前に和解の可能性について協議した上で、第1回期日は裁判期日対応の時間を長めに予定しておくとよいでしょう。

① 控訴人側

前記のとおり、控訴審では、第1回口頭弁論期日において直ちに弁論終結されることが全体の約80％とされている上、第1回口頭弁論期日において直ちに弁論終結される場合には、第一審判決を維持される傾向にあるため、控訴人側としては、第1回口頭弁論期日において直ちに結審されることがないように対応する必要があります。

もっとも、控訴人側としては、不必要に長大な控訴理由書を作成したとしても、かえって控訴審において検討してもらうべき争点がぼやけてしまい、裁判所に対して散漫な印象を与えかねません。そこで、控訴理由書に記載すべき事項は争点を中心に簡潔に記載しつつ、新たな証拠を追加するなどして、第一審時点とは異なる判断がありうることを強調するなどの対応が考えられます。

② 被控訴人側

被控訴人側としては、控訴人とは逆に、第1回口頭弁論期日において直ちに弁論終結となるように対応していく必要があります。

控訴人側から提出された控訴理由書に対しては、早期に答弁書を提出して反証を行い、第1回口頭弁論期日以降も期日を設定する必要がないことを主張していく必要があります。

（2）その後の期日

控訴審が第1回口頭弁論期日において直ちに弁論終結とならず、続行期日が指定された場合には、その後の流れは、第一審と同様となります。

4 控訴審の終了

(1) 和解

　第1回口頭弁論期日で弁論終結となった場合、裁判所が控訴棄却の判断を示す可能性が高いといえます。もっとも、控訴審が事実審最後の段階であることに鑑み、裁判所が和解期日を設定することがあります。
　① 控訴人側
　　　控訴人としては、敗訴によるリスクや上告提起等の可能性も検討しつつ、和解による解決を慎重に検討することとなります。
　② 被控訴人側
　　　被控訴人としては、控訴人に対する強制執行の可能性も勘案し、和解によって任意弁済を受けるメリット、上告提起等の可能性も検討しつつ、和解に応じるか否かを検討することとなります。

(2) 判決

　第一審判決と同様、判決期日への出席は必要ありません。
　敗訴が見込まれる当事者は、上告提起・上告受理申立てをするか否かを検討しましょう。なお、上告・上告受理申立てが認められる場合は限られているため、あらかじめ依頼者に対して上告・上告受理申立てが認められる可能性について説明するようにしましょう。

Chapter 5 上告審

1 上告審の流れ

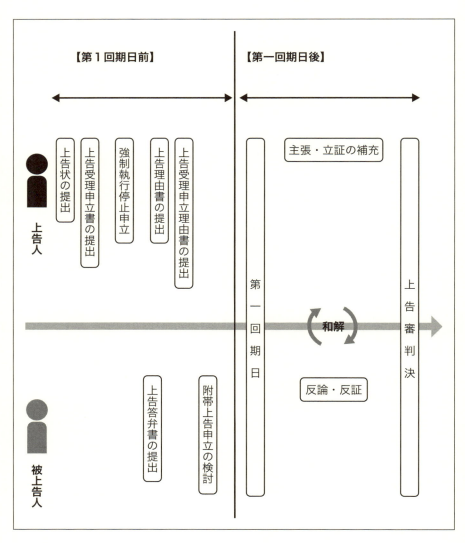

2 上告提起

(1) 上告人側

① 上告提起・上告受理申立て

控訴審の判決書の送達を受けた日から2週間以内に、控訴裁判所に対して上告審裁判所宛の上告状及び上告受理申立書を提出することとなります。

上告理由書・上告受理申立て理由書は、上告提起通知書・上告受理申立て通知書の送達を受けた日から50日以内に提出します。この期間内に提出されないときは、控訴審裁判所が上告・上告受理申立てを却下することとなるため、注意が必要です。

② 強制執行停止

控訴審判決の主文において仮執行宣言が付されている場合には、一旦控訴審判決の主文における認容額を支払ってしまうか、強制執行停止の申立てを検討することとなります。

強制執行停止の申立ては、訴訟記録が控訴裁判所にあるときは、控訴裁判所に対して申し立てることとなります。控訴審の場合と同様、担保金の準備が必要です。

なお、第一審判決に対する強制執行停止決定の効力は、控訴審の本案判決があるまでとなりますので、控訴審判決で仮執行宣言が付された場合には、改めて行う必要があります。

(2) 被上告人側

① 上告提起・上告受理申立ての確認

上告提起・上告受理申立てがあったかどうかは、上告期間の後に控訴審裁判所の担当書記官に電話で確認することができます。上告提起等があった場合、上告提起通知書等が送達されてきます。

② 附帯上告・附帯上告受理申立ての検討

被上告人は、上告期間経過後も附帯上告・附帯上告受理申立てをすることができます（民事訴訟法313条・293条1項・318条5項）。

③ 答弁書の作成

実務上、上告審裁判所が口頭弁論期日を開く場合には、被上告人に対して答弁書の提出を求めることとなります。もっとも、上告審における迅速な処理を希望する目的で、任意に答弁書を提出することも考えられます。

3 上告審の審理

(1) 期日前

上告審裁判所が受理決定をした上で、上告に理由があると判断し、口頭弁論を開くことが決められた場合には、正式な決定に先立って担当書記官から日程調整の事前連絡が来ることとなります。

被上告人に答弁書の提出が求められるほか、当事者双方に対して弁論要旨の提出を求められることもあります。

(2) 口頭弁論期日

口頭弁論期日では、上告状・上告受理申立書・答弁書の陳述がなされ、提出した弁論要旨に沿って、口頭での弁論が行われます。そして、弁論が終結し、判決言渡し期日が指定されます。

4 上告審の終了

(1) 和解

上告審において実際に和解が成立することは少ないですが、上告審においても和解をすることができます。裁判所からの和解勧試のほか、当事者から裁判所に対して職権による和解勧試を求める上申を行う方法もあります。

(2) 判決

裁判所が上告に理由がないと認める場合には、上告棄却判決（民事訴訟法319条）がなされます。

Part 3
訴訟における留意点

　他方、上告に理由があると認めるときは、原則として、破棄差戻し判決（民事訴訟法325条1項前段）がなされますが、例外として、破棄自判の判決（民事訴訟法326条）がなされることもあります。

　差戻しを受けた裁判所では、従前の控訴審の口頭弁論が続行され、審理を行うこととなります。差戻しを受けた裁判所は、破棄判決に拘束されるものの、事実認定及び法律判断は自由にできるため、必ずしも上告人が控訴審判決よりも有利な判断を受けられるとは限らないことに注意が必要です。

訴訟後における留意点

Part 4

Chapter 1 本章の目的

---

1 強制執行における留意点の理解
2 訴訟費用額確定処分における留意点の理解
3 委任契約終了に伴う精算手続上の留意点の理解

　訴訟において和解の成立や判決の言渡しがなされたとしても、直ちに弁護士の担当する法律業務が終了するわけではありません。

　裁判上の和解や判決によって決められた事項について、被告側が履行に応じなければ、強制執行を検討することになります。

　また、訴訟による解決には、収入印紙や予納郵券、証人の出廷日当等の訴訟費用も少なからず発生します。訴訟が長期化した案件や、請求額が大きい案件では、訴訟費用の金額も決して小さいものではありません。このように、訴訟費用の金額が大きく、回収を図る場合には、訴訟費用額確定処分の申立ても検討する必要があります。

　そして、訴訟が完了し、その後の手続も終了した場合には、弁護士と依頼者との委任契約の終了に伴う精算手続を行うこととなります。委任契約終了に伴う精算手続は、迅速かつ適切に行わなければ、弁護士に対するクレームや、さらには懲戒請求にまで発展しかねないおそれがあります。

　本章では、訴訟終了後における、強制執行、訴訟費用額確定処分、及び委任契約終了に伴う精算手続上の留意点について解説します。

Chapter 2 強制執行・担保権の実行

1 はじめに

　紛争が発生し、示談交渉や訴訟等の手続によって、相手方に対する債権（請求権）が確定したとしても、相手方が任意に履行に応じない場合もあります。

　相手方が任意に履行に応じないまま放置していては、債権を取得したとしても有名無実と化してしまうため、債権を現実に履行させる必要があります。

　このような場合に必要となる手続が強制執行・担保権の実行となります。

　以下では、強制執行・担保権の実行の手続をご説明します。

（1）強制執行・担保権の実行の概要

　強制執行、担保権の実行としての競売及び民法、商法その他の法律の規定による換価のための競売（形式的競売）並びに債務者の財産開示を総称して、「民事執行」といいます（民事執行法1条参照）。

　民事執行のうち、強制執行及び担保権の実行としての競売は、債権者の債務者に対する私法上の請求権を、国家権力をもって強制的に実現する手続です。

　また、債権者が担保権を有している場合に、債務者が任意に債務の履行をしないときには、債権者は、その担保権を実行して、担保目的物を換価し、その換価代金をもって自己の債権の弁済に充てることになります。

　民事執行手続の概要を整理すると次のとおりです。

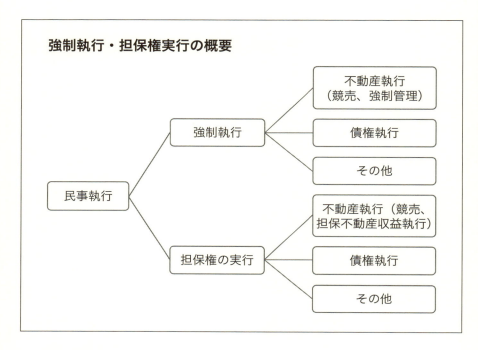

① 強制執行とは

　強制執行とは、国家機関が関与して、債権者の給付請求権の内容を強制的に実現する制度をいいます。

　言い換えれば、強制執行とは、債権者の請求を認容する判決や裁判上の和解が成立したにもかかわらず、相手方が債務の支払い等に応じない場合に、判決等の債務名義を得た債権者の申立てに基づいて、相手方に対する請求権を、裁判所が強制的に実現する手続をいいます。

② 担保権の実行手続とは

　担保権の実行手続は、債権者が債務者の財産について抵当権などの担保権を有しているときに、これを実行して当該財産から満足を得る手続をいいます。

　担保権の実行の場合、判決などの債務名義は不要であり、担保権が登記されている登記簿謄本などが提出されれば、裁判所は手続を開始することとなります。

　なお、担保権の実行手続も、強制執行手続と比較すると、債務名義を必要とするか否かの違いはありますが、申立後の手続はほぼ同じといえます。

(2) 債権執行手続の流れ

以下では、債権執行手続の流れを説明します。

① 債権執行とは

債権執行とは、債務者の第三債務者に対する債権を差し押さえ、これを換価して債務者の債務の弁済に充てる執行手続をいいます。

② 債権執行の対象

債権執行の対象は、金銭債権及び動産・船舶・自動車・建設機械の引渡請求権となります（民事執行法143条・162条・163条、民事執行規則142条・143条）。

③ 債権執行手続の流れ

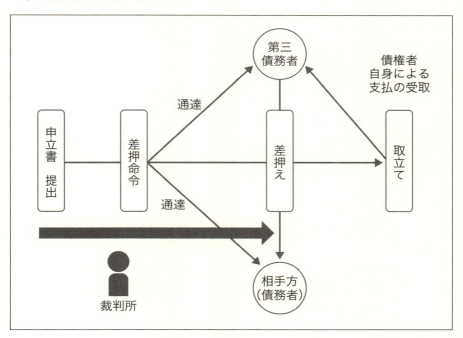

（i）申立て

i 土地管轄

債権執行の申立ては、申立書を裁判所に提出する必要があります。

なお、申立書の提出先である管轄執行裁判所は、債務名義に基づく場合、第一次的には債務者の普通裁判籍所在地（債務者の住所地）の地方裁判所（支部を含

みます）となります。

　債務者の普通裁判籍がない場合、第二次的に差押債権の所在地を管轄する地方裁判所となります（民事執行法144条）。一次的管轄があるにもかかわらず、第三債務者の住所地の裁判所、あるいは、訴訟事件を行った地の裁判所に申し立てることのないようにご留意ください。

　　ii　申立書の作成
　　・　目録の通数
　複数の当事者がいる場合及び複数の債務名義による申立ての場合には、請求債権目録及び差押債権目録を当事者ごと又は債務名義ごとに区別して作成する必要があります。

　　・　利息・損害金の計算
　債務名義に閏年に関する特約がない場合、利息・損害金を計算する際に閏年を考慮する必要があります。

　　iii　陳述催告の申立て
　申立てにあたり、差押えの対象となる差押債権の有無及びその金額等を確認する場合には、第三債務者に対する陳述催告の申立てをすることになります。

　債権者は、裁判所書記官に対し、第三債務者に被差押債権の存否、種類、額等の事項について、2週間以内に書面で陳述すべき旨の催告を申し立てることができます（民事執行法147条、民事執行規則135条）。

　第三債務者に対する陳述催告の申立てとは、被差押債権が支払いを受けられる債権かどうか、他に競合する債権者が存在するかどうか等を第三債務者に陳述させ、債権者に債権の取立てあるいは転付命令等の申立てなど、その後の手続選択の判断資料を得させようとする制度です。

　第三債務者に対する陳述催告の申立てをする場合には、債権差押命令申立てと同時に行うことになります。

　（ii）　差押命令
　裁判所は、債権差押命令申立てに理由があると認めるときは、差押命令を発し、債務者と第三債務者に送達します（民事執行法145条3項）。

　差押えの効力は、差押命令が第三債務者に送達されたときに生じます（民事執行法145条4項）。

(iii) 差押え

執行裁判所は、差押命令において債務者に対しては債権の取立てその他の処分の禁止を命じ、第三債務者に対しては債務者への弁済の禁止を命じます（民事執行法145条1項）。

したがって、差押えの効力が生ずると、第三債務者は、債務者へ弁済することができなくなり、差押債権者への支払い又は供託によらなければ債務を免れることができなくなります（民事執行法155条、156条）。また、債務者は、差押えの効力が生じた後に当該債権を譲渡したり、免除したりしても、当該債権執行手続との関係では、その効力は無視されます（民事執行法166条2項・84条2項・87条2項・同条3項）。

(iv) 取立て

差押債権者は、差押命令が債務者に送達された日から1週間を経過したときは、債権者は被差押債権を自ら取り立てることができます（民事執行法155条1項本文）。

差押債権者が第三債務者から支払いを受けると、その債権及び執行費用は、支払を受けた額の限度で弁済されたものとみなされます（民事執行法155条2項）。

ただし、第三債務者は、差押えにかかる金銭債権の全額を供託して債務を免れることができます（権利供託、民事執行法156条1項）。第三債務者が供託をした場合には、裁判所が配当を行うため、直接取り立てることはできません。

(3) 不動産執行手続の流れ

以下では、不動産執行手続の流れについて説明します。

① 競売手続

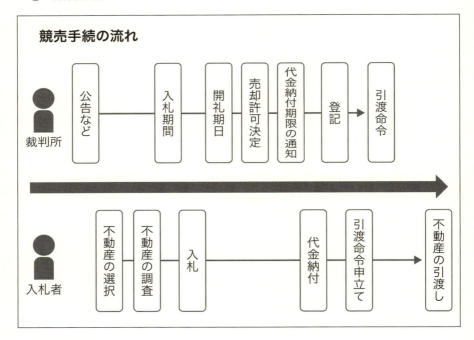

(i) 申立て

不動産強制競売は、執行裁判所が債務者の不動産を売却し、その代金をもって債務者の債務の弁済に充てる執行手続です。

不動産強制競売の申立ては、書面でしなければなりません。債権者は、目的不動産の所在地を管轄する地方裁判所に対し、申立書を提出する必要があります（民事執行法44条1項）。

(ii) 開始決定

執行裁判所は、申立てが適法にされていると認められた場合は、不動産執行を始める旨及び目的不動産を差し押さえる旨を宣言する開始決定（強制競売開始決定）を行います（民事執行法45条1項）。開始決定は、債務者に送達されます（民事執行法45条2項）。

(iii) 差押え

差押えの効力は、開始決定が債務者に送達された時、又は差押えの登記がなされた時のいずれか早い時期に生じます（民事執行法46条）。

なお、実務上、債務者が差押不動産の登記名義を第三者に移転することを防ぐため、書記官は、債務者への送達より差押えの登記嘱託（民事執行法48条1項）を先行させています。

(iv) 売却の準備

民事執行法では、差押不動産について適正な競売が行われるよう、以下の売却準備手続を規定しています。

i 売却のための保全処分

執行裁判所は、債務者又は不動産の占有者が不動産の価格を減少させる行為又はそのおそれがある行為をするときには、民事執行法55条所定の保全処分又は公示保全処分（執行官に当該保全処分の内容を公示させる保全処分）を命ずることができます。

ii 現況調査と評価

執行裁判所は、適正な売却基準価額を定め、売却条件を明確にするため、執行官に対し差押不動産の現況調査を命じ（民事執行法57条）、現況調査報告書を提出させるとともに（民事執行規則29条）、評価人を選任してこれに不動産の評価を命じ（民事執行法58条1項）、評価書を提出させます（民事執行規則30条）。

iii 売却基準価額の決定

売却基準価額とは、不動産の売却の基準となるべき価額をいいます。入札における買受申出の額は、売却基準価額の8割を下回ることはできません（民事執行法60条3項）。

iv 3点セットの作成

執行裁判所は、執行官や評価人に調査を命じ、目的不動産について詳細な調査を行い、買受希望者に閲覧してもらうための3点セットを作成します。

3点セットとは、以下の3つの書類をいいます。

- **現況調査報告書**：土地の現況地目、建物の種類・構造など、不動産の現在の状況のほか、不動産を占有している者やその者が不動産を占有する権原を有しているかどうかなどが記載され、不動産の写真などが添付された書類
- **評価書**：競売物件の周辺の環境や評価額が記載され、不動産の図面などが

添付された書類

- **物件明細書**：そのまま引き継がなければならない賃借権などの権利があるかどうか、土地又は建物だけを買い受けたときに建物のために底地を使用する権利が成立するかどうかなどが記載された書類

v 売却実施

売却の準備が終了した後、裁判所書記官は、売却方法を決定します（民事執行法64条）。売却の方法として、入札、競り売り、特別売却があります（民事執行法64条2項）。

執行裁判所は、売却決定期日において、最高価買受申出人に対する売却の許否を審査し、売却の許可又は不許可を言い渡します（民事執行法69条）。この決定は確定しなければ効力は生じません（民事執行法74条5項）。

vi 入札～所有権移転

入札は、公告書に記載されている保証金を納付し、売却基準価額の8割以上の金額でしなければなりません。

最高価で落札し、売却許可がされた買受人は、裁判所が通知する期限までに、入札金額から保証金額を引いた代金を納付します。買受人が納付期限までに代金を納付しないときは、期限の経過によって売却許可決定は当然にその効力を失い、買受人は原則として保証金の返還を請求できません（民事執行法80条1項）。

この保証金は、売却代金の一部として保管され、配当金に充当されます（民事執行法86条1項3号）。

vii 不動産の引渡し

対象不動産に占有権原を有さない者が居住している場合、執行裁判所は、対象不動産の占有者に対し、不動産を引き渡すべき旨を命ずることができます（民事執行法83条1項）。

引渡命令は、代金を納付した日から6ヵ月（民法395条1項に規定する建物使用者が占有していた場合は9ヵ月）を経過すると申立てをすることができません（民事執行法83条2項）。

viii 配当

配当とは、執行裁判所が、差押債権者や配当の要求をした他の債権者に対し、法律上優先する債権の順番に従って売却代金を配る手続です。

原則として、抵当権を有している債権と、抵当権を有していない債権とでは、抵当権を有している債権が優先します。また、抵当権を有している債権の間では、抵当権設定日の先後の順に優先し、抵当権を有していない債権の間では、優先関係はなく、平等に扱われることになります。

② 担保不動産収益執行

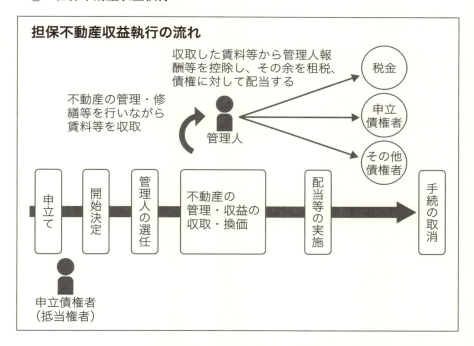

担保不動産収益執行手続は、担保不動産から生ずる収益（賃料等）を被担保債権の弁済に充てる方法による不動産担保権の実行方法です。

不動産について先取特権、抵当権、質権を有する担保権者の申立てに基づき、執行裁判所が、収益執行の開始決定をし、かつ、管理人を選任します。あわせて、担保不動産の賃借人等に対して、その賃料等をこの管理人に交付するよう命じます（民事執行法188条・93条1項・94条1項）。

管理人は、執行裁判所の監督の下、担保不動産の賃料等の回収や、事案によっては、既存賃貸借契約の解除又は新賃貸借契約の締結を行います（民事執行法188条・95条1項・99条）。

管理人又は執行裁判所は、執行裁判所の定める期間ごとに、債権者に対し配当

等を実施します（民事執行法188条・107条・109条）。

2 弁護士の役割

(1) 強制執行手続による回収の見通しの検討

　弁護士は、強制執行手続の相談を受けた場合、まずは強制執行手続による回収の見通しを検討する必要があります。

　例えば、相手方の資力に疑問があり、預金債権を差し押えたとしても回収できる見通しが乏しいようであれば、預金債権以外の財産（不動産等）に対する差押えを検討することになります。

　このように、強制執行手続による回収の見通しを検討するにあたっては、相手方の財産調査も行わなければならないこともあります。

(2) 強制執行手続の流れの説明

　また、強制執行手続の相談を受けた場合、必ずしも強制執行手続の流れや時間的・経済的コストを依頼者が正しく理解しているとは限らないため、この点も説明しなければなりません。

　判決や裁判上の和解によって、債務名義さえ取得してしまえば当然に債権を回収できると誤解しているケースも少なくありません。弁護士としては、債務名義を取得しただけでは相手方に支払わせることができるわけではないこと、強制執行手続によるとしても、回収が確実ではないこと、また強制執行手続の時間的・経済的コストについて説明する必要があります。

(3) 強制執行手続の対応

　前記のとおり、強制執行手続は決して容易ではないことから、外部弁護士が代理人として対応することもあり得ます。

　代理人として対応する場合、相手方が財産を費消したり隠匿したりしてしまう可能性もありますので、迅速に対応しなければなりません。強制執行の申立てには必要な書類がいくつもありますので、早急に依頼者と打ち合わせの上、申立てに向けて手続を進めていく必要があります。

Part 4
訴訟後における留意点

3 各契約類型の留意点

以下では、各契約類型に応じた留意点について説明します。

(1) 売買契約（動産）

売買契約においては、担保物権の活用による回収可能性を高めることが可能となります。

担保物権には、約定担保物権と法定担保物権の2種類に大別できます。このうち、動産に関する約定担保物権については所有権留保、法定担保物権については動産売買先取特権が挙げられます。

以下では、各担保物権の留意点についてご説明します。

①　所有権留保（約定担保物権）

所有権留保とは、売主が目的物の引渡しを完了する一方、代金が完済されるまでは目的物の所有権を留保する制度をいいます。

所有権留保は、売買契約において、売主から買主への所有権移転を代金完済まで留保するという特約を付すことによって行われます。

所有権留保の一例として、A社がB社に対して製造用機械を割賦払いの条件で販売し、製造用機械を引き渡すものの、売買代金は後日分割弁済をするという売買契約（割賦販売契約）を締結した場合、売買代金完済まで製造用機械の所有権をB社に移転せず、A社に留保するという特約を付す場合が挙げられます。

所有権留保特約は、代金債権を確保するための1つの担保方法として機能します。所有権留保を設定することによって、買主が残代金の支払いを遅滞すると、売主は所有権に基づいて売買の目的物を取り戻し、これを代金債権に充当することによって担保の目的を実現することが可能となります。

②　動産売買先取特権（法定担保物権）

動産売買先取特権とは、動産の売主が、動産の対価及び利息について、その動産から他の債権者に優先して弁済を受けることができる法定担保物権をいいます。

動産売買先取特権を行使する方法は、(ⅰ)動産競売による方法と、(ⅱ)物上代位による方法の2つがあります。

（ⅰ）　動産競売による方法
　動産競売による方法は、買主に対して売却した動産を差し押えて競売し、換価した代金から優先的に弁済を受けるというものです。
　もっとも、動産競売による方法は、買主に対して売却した動産が未だに買主の下にある場合にしか利用できず、すでに第三者に転売されている場合には利用することができません。

（ⅱ）　物上代位による方法
　買主に対して売却した動産がすでに第三者に転売されている場合には、物上代位による方法が考えられます。
　先取特権者は、「その目的物の売却、賃貸、滅失又は損傷によって債務者が受けるべき金銭その他の物に対しても、行使することができる」とされています（民法304条1項）。したがって、買主が第三者に転売した場合であっても、転売代金債権が買主に支払われていないときには、物上代位による回収の可能性があります。
　もっとも、動産売買先取特権に基づく物上代位を行うためには、物上代位の対象となる転売代金債権が支払われる前に差押えを行う必要があります。

（2）金銭消費貸借契約

　金銭消費貸借契約においては、将来の回収手続を容易にするために、金銭消費貸借契約書を公正証書として作成するとともに、強制執行認諾条項を設定することが考えられます。
　公正証書の条項中に強制執行認諾条項を設定することで、債権者は、訴訟による判決や裁判上の和解を取得しなくとも、公正証書に基づいて強制執行を行うことが可能となります。

（3）不動産売買・賃貸借契約

　不動産売買・賃貸借契約における強制執行手続では、対象不動産の明渡しや原状回復を求める際の費用の見通しを立てる必要があります。
　対象不動産の明渡し等を請求する場合には、強制執行申立て時の予納金に加え、執行業者（執行補助者）に対する費用を要することになります。
　さらに、対象不動産の明渡しが認められたとしても、対象不動産の原状回復に

要する費用は、債権者が立替払いする可能性があることも考慮しなければなりません（債務者に対して求償請求することも可能ですが、任意の明渡しに応じないケースでは、債務者への求償請求が奏功することは期待し難いといえます）。

（4）ソフトウェア開発委託契約

ソフトウェア開発委託契約においては、そもそもソフトウェアのような知的財産権に対する強制執行が可能かどうかという問題がありますが、知的財産権は無体物ではあるものの、財産権であるという点で、執行の対象として差押えは可能です。

ただし、知的財産権に対する差押えが可能であるとしても、対象知的財産権の価値評価をどうみるべきかという問題があります。この問題については、知的財産権の評価は法的評価、技術的評価の側面があり、専門性が高い分野であるため、弁理士への評価命令が行われることになります。

（5）労働契約

労働契約における強制執行手続では、以下の2点に留意する必要があります。

①　未払賃金の先取特権

雇用関係から生じた債権については、先取特権が認められます（民法306条2号）。

先取特権とは、債務者の財産について、他の債権者に先立って自己の債権の弁済を受ける権利です（民法303条）。したがって、未払賃金についても、雇用関係から生じる債権である以上、先取特権に基づいて優先的に回収することが可能となります。

先取特権を行使される場合、裁判手続によらずに財産を差し押さえられることになります。仮に、従業員に対する未払賃金がある場合には、この先取特権に基づいて会社の財産について差押えを受けるリスクがあることに注意する必要があります。

なお、未払い残業代についても、雇用関係から生じる債権である以上、同様に先取特権を行使することが可能です。ただし、未払い残業代については、先取特権が強力な手続である反面、裁判所も慎重な姿勢をとる傾向にあり、容易には認められるわけではありません。

② 解雇無効に対する強制執行の可否

　労働者に対する解雇処分の有効性を訴訟で争った場合、判決によって解雇処分が無効と言い渡されるケースがあります。

　この場合、使用者側は、解雇が無効である以上、給与支払義務を負うことになり、労働者に対して給与を支払い続けなければならないことになります。

　もっとも、解雇無効が判決で言い渡されたとしても、職場への復帰については強制執行の対象とはならず、職場への復帰を強制的に実現することはできません。この場合には、あくまでも給与に対する強制執行が可能であるにとどまることになります。

Chapter 3　訴訟費用額確定処分

1　総論

　訴訟費用とは、手数料や郵便切手等、民事訴訟費用等に関する法律2条に規定されている費用のことをいいます。

　訴訟費用は、判決等の主文でその負担者（原則として敗訴した者）とその負担の割合を定められますが、具体的な金額については定められていません。

　勝訴した者が訴訟費用の償還を求めたり、強制執行をしたりするためには、裁判所に対して訴訟費用額確定処分の申立てをし、その具体的な金額を確定することが必要となります。

　以下では、訴訟費用額確定処分の手続をご説明します。

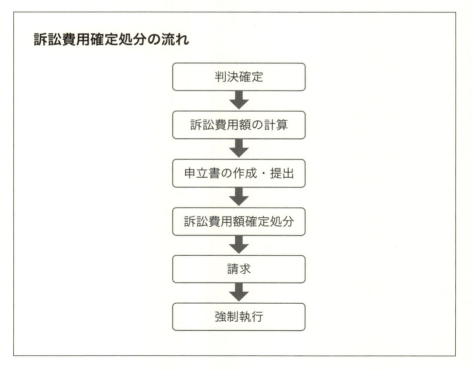

2　訴訟費用額確定処分の申立て

(1) 申立ての時期

　費用負担の裁判が執行力を生じたときから申立てをすることができますが、判決の場合であれば、判決の確定後に申し立てることが一般的です。

(2) 申立書等の提出先

　第一審の裁判所に正本を提出します。副本は相手方（敗訴した者）に直送し、その旨を申立書に記載するのが通常です。

(3) 提出書類等

①　申立書

　訴訟費用額確定処分は裁判所書記官が行います（民事訴訟法71条1項）ので、宛名は「裁判所書記官」となります。

②　予納郵券

　各裁判所によって異なりますので、裁判所に問い合わせて金額・内訳を確認してください。

③　費用計算書

　申立書には、支出した費用について、その種目とその額を具体的に記載した費用計算書を添付する必要があります。

　計算書に記載することができる主な費目及びその額の内容は次のとおりです。不明な点については、担当書記官に問い合わせることも検討しましょう。

Part 4
訴訟後における留意点

(ⅰ) 訴え提起手数料	訴状等に貼るなどして裁判所に納付した手数料（収入印紙）の額です（訴えの変更等で手数料額に変更がある場合などには、最終的な請求に対応する手数料額となります）。
(ⅱ) 書類の送付・送達費用	訴状等の書類の送付料（予納した郵便切手の内の使用分）の額です。 通常は、訴え提起時に予納した郵券額から事件終了後に返還された残郵券額を差し引いた金額となります（返還の際に郵券が使用された場合には、注意してください）。不明な場合には、事件記録の閲覧、担当書記官への照会などで金額を確認してください。
(ⅲ) 期日への出頭日当	口頭弁論期日等に出頭したことによる日当の額です。1日につき3950円を計上することができます。費用計算書の別紙として出頭期日一覧を付してもよいでしょう。
(ⅳ) 期日への出頭旅費	口頭弁論期日等に出頭するために要した旅費の額です。 申立人の住所を管轄する簡易裁判所と出頭した裁判所の所在地を管轄する簡易裁判所との直線距離などに応じて金額が定まります。 住所地を管轄する裁判所と、出頭地を管轄する裁判所が同一の場合の金額は300円となります（ただし、出頭場所を中心に、直線距離500メートル未満の場所から出頭した場合には旅費は認められません）。
(ⅴ) 書類の作成及び提出費用	訴状等の書類の作成及び提出に要した費用の額です。1500円を基本として計上することができますが、訴状等の主張書面の数が6通以上、書証写しの数が16通以上、相手方の数が6人以上の場合には加算額があります。
(ⅵ) 官庁等からの書類交付費用	相手方が法人の場合に提出した登記事項証明書等の取得に要した費用の額です。取得に要した手数料額に164円を加算した額を計上することができます。
(ⅶ) 訴訟費用額確定処分正本送達費用	②予納郵券の金額です。

平成●●年（●）第●号
原告　●●　●●
被告　●●　●●

平成●●年●月●日

●●●●裁判所　御中

氏名（法人の場合は法人名・代表者名）
●告　●●　●●　　　　　印

訴訟費用額確定処分申立書

　頭書事件について，下記のとおり，訴訟費用負担の裁判があり，この裁判が確定したので，●●●●が負担すべき訴訟費用額を確定されるよう，別紙計算書を添えて申し立てます。
　□　なお，相手方には本申立書及び計算書を直送済みです。

記

□　平成●●年●月●日　原告勝訴
□　平成●●年●月●日　原告一部勝訴
□　平成●●年●月●日　原告敗訴

Part 4
訴訟後における留意点

（別紙）

計　算　書

No.	項　目	金　額	備　考
1	●●	●●円	
2		円	
3		円	
4		円	
5		円	
6		円	
7		円	
8		円	
9		円	
10		円	
11		円	
12		円	
	合　計	●●円	

3　訴訟費用額確定処分後の対応

　訴訟費用額確定処分に不服がある場合には、その告知を受けた日から1週間以内に、裁判所に対して異議申立てをすることができます（民事訴訟法71条4項）。また、異議申立てについての決定に対しては、即時抗告をすることができます（民事訴訟法71条7項）。

　申立人（勝訴した者）は、訴訟費用額確定処分に基づき、相手方（敗訴した者）に対して訴訟費用の償還を求めることができます。相手方が償還に応じない場合には、訴訟費用額確定処分に基づき強制執行をすることができます。

精算等

1 はじめに

　依頼者と弁護士との間で締結した委任契約は、解決（委任契約の目的の達成）、中途解約（依頼者側の解除請求）、辞任（弁護士側の解除請求）の場合に終了することになります。

　委任契約の終了に伴い、弁護士は、依頼者との委任契約に従い、弁護士費用の請求や、預り金や受領資料の返却等の精算手続を行うことになります。

　弁護士は、委任契約終了に伴う精算手続を迅速かつ適正に行わなければならず、精算手続に不備がある場合には、懲戒事由にも該当するおそれがあります。

　ここでは、精算等における留意点について説明します。

2　委任契約終了時の流れ

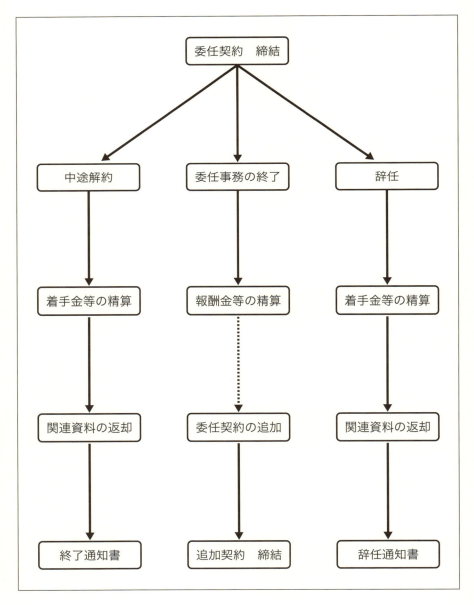

Part 4
訴訟後における留意点

（1）委任事務の終了における留意点

　弁護士と依頼者の間における委任事務がどの時点をもって終了するかは、委任契約によって明確にする必要があります。

　例えば、当初の委任契約において、第一審までの対応で委任契約を終了すると規定していれば、第一審判決言渡しによって委任契約は終了することになります。その後の控訴審について、引き続き依頼を受けるかどうかは、改めて依頼者と協議することになります。

　仮に、弁護士と依頼者との間で委任契約書を取り交わしていない、又は委任契約書を取り交わしていたとしても、委任の範囲を明確にしていなかったような場合には、依頼者の要求する法的権利が実現するまでは受任対応をせざるを得ないことになりかねません。

　したがって、委任契約の終了事由を明確にするためにも、弁護士は、依頼者との間で、必ず委任契約書を取り交わすとともに、委任契約における対応範囲・終了事由を明記する必要があります。

　そして、当初の委任契約において設定した終了事由に該当すると判断した場合には、弁護士から依頼者に対し、委任契約が終了する旨を伝える必要があります。

（2）中途解約における留意点

　一方、委任契約の目的を達成する前に、依頼者側から委任契約の解除を請求される場合があります。

　このように中途解約となる場合には、依頼者側の自己都合による解除なのか、弁護士側の落ち度による解除なのかによって、着手金等の弁護士費用の取扱いをどのようにするかを検討する必要があります。

　弁護士費用のうち、着手金については、事由の如何を問わず返金対象外と設定することもありますが、弁護士側の落ち度（例えば、事件処理の遅滞や、担当業務の処理の誤り等）がある場合には、委任契約の規定どおり、着手金を一切返金しないという処理でよいのかという問題があります。

　結局は事案ごとの判断となりますが、中途解約による委任契約の終了の場面では、特に弁護士費用の精算については慎重に検討するようにしましょう。

(3) 辞任における留意点

　委任契約の目的を達成する前に、弁護士側から委任契約の解除を請求する場合もあります。

　弁護士側から委任契約の解除を請求することは、通常であれば想定しにくいかもしれませんが、依頼者との信頼関係が喪失したと考えられる場合には、弁護士側から委任契約の解除を申し出ることも起こり得ます。例えば、依頼者が弁護士に対して虚偽の説明をしていたことが発覚したり、一切連絡を取ることができなくなったりするほか、弁護士に対する約束違反を繰り返したりするような場合が考えられます。

　このように、依頼者側に落ち度があるような場合にも、弁護士費用等の精算をする際に、返金処理をするかどうか、また返金処理するとしてどの程度とするかは、事案ごとの判断となります。

　なお、弁護士側から辞任するとしても、辞任の理由を相手方に対してどこまで通知するかは、慎重に検討する必要があります。

　委任契約が終了する場面とはいえ、弁護士が辞任する理由を詳細に伝えることは、依頼者に対する守秘義務との関係で問題となるおそれもあります。

3　委任契約終了時の対応

(1) 弁護士費用の精算

　委任契約が終了する場合には、報酬金を算定するとともに、訴訟活動に要した実費を算定し、精算を行うことになります。

　弁護士の報酬請求権は、事件終了の時から2年を経過すると消滅しますので、早めに対応しましょう（民法172条）。

(2) 預かり資料の返却

　依頼に関して預かっている書類は、委任契約終了後、速やかに返却するなどの手続が必要になります。なお、弁護士は、事件終了の時から3年を経過すると、その職務に関して受け取った書類について責任を免れます（民法171条）。

（3）追加契約の検討

　中途解約や辞任の場合には問題となりませんが、当初の委任契約の目的を達成して終了した場合には、状況次第で追加の委任契約を検討することになります。

　例えば、当初の委任契約では交渉や調停手続までの対応を設定していたところ、その後に訴訟を提起することになった場合や、第一審から第二審の対応まで依頼を受けるような場合が考えられます。

　このように、追加の委任契約を締結する場合には、追加弁護士費用の設定や、追加の委任契約で対応する範囲を明確に設定する必要があります。当初の委任契約を締結しているからといって、追加の委任契約を締結する際に契約条件を曖昧にしていると、後日依頼者と委任契約の範囲等を巡ってトラブルになる可能性があります。

　委任契約の終了時における依頼者とのトラブルは、懲戒事由に該当するおそれもありますので、常に慎重に対応するように心がけましょう。

（4）終了・辞任通知書の送付

　中途解約や辞任の場合には、委任契約が途中で終了したことを相手方に対して通知する必要があります。

　なお、中途解約や辞任等、委任契約が途中で終了した場合、終了事由の詳細を相手方に通知することは、依頼者との守秘義務に抵触する可能性がありますので、不必要に詳細な経緯を伝えることのないようにご留意ください。

懲戒手続における留意点

Part 5

Chapter 1 本章の目的

> 1 懲戒制度の留意点の理解
> 2 近時の懲戒請求に関する留意点の理解
> 3 懲戒事例の分類と対策上の留意点の理解

　私たち弁護士は、法律の専門家として信任を得て法律業務に従事しています。
　改めて申し上げるまでもありませんが、私たちが担当する法律業務は、依頼者の大切な権利を守るための重責を担っています。
　そして、私たち弁護士に求められる職業倫理は非常に高度なものであり、職業倫理に違反した場合には、懲戒処分を受けるおそれがあります。
　業務停止などの懲戒処分を受けた場合、私たちが弁護士として活動すること自体にも深刻な支障を及ぼします。
　もちろん、懲戒処分を受けるような業務遂行をしないに越したことはありませんが、依頼者の権利を守るために、相手方とは対立して主張をしなければならない場面もあります。また、相談や依頼を受ける段階で、すでに問題が深刻化しているところから関与しなければならないことも少なくないために、弁護士もトラブルに巻き込まれてしまうおそれも否定できません。
　また、私たち弁護士に寄せられる社会的信頼の大きさの反映として、私たちに向けられる世間の目も、厳しくなってきています。弁護士の横領事件や不当行為への加担、私生活でのトラブル等、このような弁護士の不祥事がニュースになることは決して珍しいものではなくなってきています。
　私たちが持続的かつ安定的に業務を遂行し、依頼者の信頼を得て弁護士活動を継続していくためには、懲戒を受けることがないようにしていくことも大切な要素といえます。
　本章では、懲戒制度の概要についてご説明した上で、民事弁護の過程に沿って懲戒リスクを分類し、場面ごとにおける懲戒請求を受けないための予防策について解説いたします。

懲戒制度の概要

1 懲戒制度の沿革

> **現行弁護士法（昭和24年法律第205号）施行前**
> ▶国家が弁護士に対する監督権限を有する
>
> **現行弁護士法**
> ▶弁護士名簿の登録事務を日弁連の所管とする
> ▶弁護士又は弁護士法人に対する懲戒処分は弁護士会及び日弁連が行うこととする
>
>
>
> 弁護士自治の実現

　現行弁護士法（昭和24年法律205号）施行前は、国家が弁護士に対する監督権限を有していたものの、現行弁護士法は弁護士名簿の登録事務を日弁連の所管とし、弁護士又は弁護士法人（以下「弁護士等」といいます）に対する懲戒処分は弁護士会及び日弁連が行うこととするなど、弁護士自治を実現しました。弁護士等に対する懲戒権限を国家が掌握していると、国家と国民の基本的人権が衝突する場面において弁護士等がその使命を全うすることに困難を来すため、自治懲戒制度を設けたものです。なお、懲戒処分は、弁護士会及び日弁連に付与された公の権能に基づいてなされる広義の行政処分となります。懲戒された弁護士等が、行政不服審査法に基づく審査請求をすることができ（弁護士法59条）、裁決取消請求訴訟を提起することができる（弁護士法61条）とされているのは、その現れとされています（日本弁護士連合会ホームページhttps://www.nichibenren.or.jp/library/ja/jfba_info/statistics/data/white_paper/2016/6-3-6_tokei_2016.pdfより）。

2 懲戒を受ける場合

弁護士等が懲戒処分を受ける場合は、弁護士法に規定されており、以下のように整理することができます（弁護士法56条第1項）。

> （1） 弁護士法に違反したとき
> （2） 所属弁護士会若しくは日本弁護士連合会の会則に違反した場合
> （3） 所属弁護士会の秩序又は信用を害した場合
> （4） その他職務の内外を問わずその品位を失うべき非行があつたとき

（1）弁護士法違反

弁護士法の中で弁護士等の義務を規定した20条から30条まで（23条の2を除く）及び73条の違反が主たるものとなります。

実際の懲戒例では、弁護士法20条3項の複数事務所設置禁止の違反、23条の守秘義務違反、25条の職務を行い得ない事件の違反、26条の汚職行為の禁止違反、27条の非弁護士との提携の禁止違反、28条の係争権利の譲受けの禁止違反、29条の依頼不承諾の通知義務違反等があります。

（2）会則違反

弁護士会及び日本弁護士連合会が弁護士法33条、46条に基づいて制定した会則に違反したことをいいます。

実際の懲戒例では、会費の滞納が多い傾向にあります。

（3）所属弁護士会の秩序・信用の侵害

当該弁護士等の行動が、所属弁護士会の対内関係における秩序を乱し、対外関係における信用を毀損したことをいいます。所属弁護士会の秩序・信用を害した結果、品位を失うべき非行とされることがあり、その場合は両者が懲戒の事由として掲げられています。

（4）品位を失うべき非行

　品位を失うべき非行は、一般的条項であって、一義的に説明することは困難とされています。もっとも、職務の内外を問わないため、私生活上の非行も含まれることになります。

　実際の懲戒事例では、この品位を失うべき非行を理由とするものが圧倒的に多い傾向にあります。

　私生活上の行為で問題となった例として、自宅建築のため自己が共有持分を有する私道の他の共有者の承諾を得ずにガス管等の設置工事をしておきながら、他の共有者からの設置工事の承諾書への署名を拒み、工事着工に対しては、警察に電話をしたり、仮処分を申し立てたりしてこれを妨げ、さらに他の共有者に対して、工事業者が交渉の場に暴力団員風の男を同席させて脅迫的言動を行った等を記載した文書を配布した行為（東京高判平成18年9月20日判タ1240号192頁）があります。

3　懲戒請求権者

　懲戒請求は、何人でも、懲戒の事由があると思料するときにすることができます（弁護士法58条1項）。

　「何人も」懲戒請求が可能とされているため（弁護士法58条1項）、依頼者だけでなく、相手方、その代理人その他の利害関係人、裁判所、検察庁、所属弁護士会に限られません（一般人でも可能です）。

　したがって、懲戒請求を受けるかどうかということを検討する場合には、依頼者や相手方だけを考慮すれば足りる、というわけではありません。

4　懲戒手続の流れ

　懲戒手続の流れは、以下のフローチャートに整理されています（日本弁護士連合会HP「懲戒手続の流れ」https://www.nichibenren.or.jp/library/ja/autonomy/data/kouki_flowchart.pdf）。

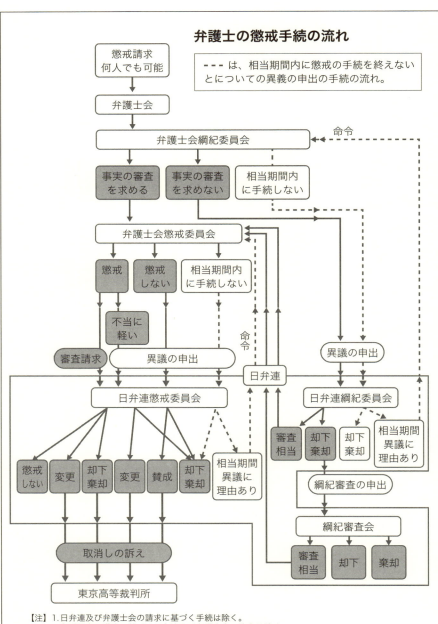

Part 5
懲戒手続における留意点

(1) 懲戒請求

何人も、弁護士等に懲戒の事由があると思料するときは、所属弁護士会に懲戒することを求めることが可能です（弁護士法第58条第1項）。

(2) 綱紀委員会による調査

弁護士会は、懲戒請求があったときは、懲戒の手続に付し、綱紀委員会に事案の調査をさせなければなりません（弁護士法58条2項）。弁護士会自らが弁護士等に懲戒の事由があると思料するときも同様です（同項）。綱紀委員会は事案を調査し、懲戒委員会に事案の審査を求めることが相当かどうかを判断します。

(3) 懲戒委員会による審査

弁護士会は、綱紀委員会が懲戒委員会に事案の審査を求めることを相当と認める議決をしたときは、懲戒委員会に事案の審査を求めなければなりません（弁護士法58条3項）。日弁連の綱紀委員会又は綱紀審査会が原弁護士会の懲戒委員会に事案の審査を求めることを相当とする議決をし、日弁連が事案を原弁護士会に送付したときも同様です（弁護士法64条の2第2項・同条第3項・64条の4第1項から第3項まで）。懲戒委員会が懲戒することを相当と認め、一定の懲戒処分を議決したときは、弁護士会は弁護士等を懲戒しなければなりません（弁護士法58条5項）。

(4) 異議の申出等

懲戒請求者は、①弁護士会の綱紀委員会が弁護士等につき懲戒委員会に事案の審査を求めないことを相当とする議決をし、弁護士会が弁護士等を懲戒しない旨の決定をした場合、②弁護士会の懲戒委員会が弁護士等につき懲戒しないことを相当とする議決をし、弁護士会が弁護士等を懲戒しない旨の決定をした場合、③弁護士会が相当の期間内に懲戒の手続を終えない場合、④弁護士会がした懲戒処分が不当に軽いと思料する場合には、日弁連に異議の申出をすることができます（弁護士法64条1項）。申出の期間は3ヵ月以内となります（同条第2項）。さらに、上記①の場合で、日弁連の綱紀委員会が異議の申出を却下し、又は棄却する議決をし、日弁連がその旨の決定をした場合（弁護士法64条の2第5項）には、

日弁連の綱紀審査会による綱紀審査を申し出ることができます（弁護士法64条の3第1項）。申出の期間は30日以内です（同条第2項）。

なお、前述①の場合の異議の申出は、日弁連の綱紀委員会が審査し（弁護士法64条の2第1項）、前述②、④の場合の異議の申出は日弁連の懲戒委員会が審査します（弁護士法64条の5第1項。③についても同様に分けられています。）。

(5) 官報等による公告

弁護士会又は日弁連によって懲戒処分がされたときは、官報のほか、機関雑誌「自由と正義」に掲載して公告されることになります（弁護士法64条の6第3項、会則68条）。

5 懲戒の種類

弁護士等に対する懲戒処分は、以下の4種類が規定されています（弁護士法第57条）。

（懲戒の種類）
（1） 戒告
（2） 2年以内の業務の停止
（3） 退会命令
（4） 除名

---

(1) 戒告

戒告とは、対象弁護士等に対し、その非行の責任を確認させ反省を求め、再び過ちのないよう戒める懲戒処分であり、懲戒処分の中で最も軽い処分とされます。戒告は、対象弁護士の弁護士資格や身分に影響しません。

(2) 業務停止

業務停止とは、対象弁護士等に一定期間業務を行うことを禁止するものです。退会命令や除名と異なり、業務停止では弁護士資格や弁護士たる身分を失うもの

ではありませんが、処分の告知を受けたときから、単に当該停止期間中の一切の弁護士業務を行ってはならない不作為義務を負うだけでなく、停止期間中は、一時的に弁護士の業務を行いうる資格を停止されるものと解されます（日本弁護士連合会編著『条解弁護士法〔第4版〕』（弘文堂、2007年）436、437頁参照）。

なお、業務停止処分を受けた弁護士が上記義務に違反し弁護士としての職務を行ったときは、それ自体が新たな懲戒事由となり、その訴訟行為も違法となります。

（3）退会命令

退会命令は、対象弁護士等をその所属弁護士会から一方的に退会させる処分です。この懲戒処分を告知された弁護士は、特に執行停止の決定を得ない限り、告知の日よりその所属弁護士会から当然退会し、弁護士の身分を失うことになります。

（4）除名

除名は、対象弁護士等の弁護士たる身分を一方的に奪う処分であり、懲戒処分の中で最も重いものとなります。この懲戒処分を受けた弁護士は、特に効力停止の決定を得ない限り、告知の日から3年間弁護士となる資格を失うこととなります。したがって、この3年間、弁護士としての再登録請求をすることは許されません。

6 懲戒請求事案件数の推移

なお、懲戒請求及び懲戒処分件数の推移に関する統計数は、以下のとおりです。

表1：懲戒請求事案処理の内訳（弁護士会）

年	新受	既済								懲戒審査開始件数
		懲戒処分					懲戒しない	終了	
		戒告	業務停止		退会命令	除名	計			
			1年未満	1〜2年						
2007	9585	40	23	5	1	1	70	1929	30	138
2008	1596	42	13	2	2	1	60	8928	37	112
2009	1402	40	27	3	5	1	76	1140	20	132
2010	1849	43	24	5	7	1	80	1164	31	132
2011	1885	38	26	9	2	5	80	1535	21	137
2012	3898	54	17	6	2	0	79	2189	25	134
2013	3347	61	26	3	6	2	98	4432	33	177
2014	2348	55	31	6	3	6	101	2060	37	182
2015	2681	59	27	3	5	3	97	2191	54	186
2016	3480	60	43	4	3	4	114	2872	49	191

※日弁連による懲戒処分・決定の取消し・変更は含まれていない。
※新受事案は、各弁護士会宛てになされた懲戒請求事案に弁護士会立件事案を加えた数とし、懲戒しない及び終了事案数等は綱紀・懲戒両委員会における数とした。
※懲戒審査開始件数は、綱紀委員会で「懲戒委員会に事案の審査を求めることを相当とする」とされ、懲戒委員会で審査が開始されたもの（2013年集計までは表2として掲載）。
※2007年の新受事案が9585件となったのは、光市事件の弁護団に対する懲戒請求が8095件あったため。
※2012年の新受事案が前年の2倍となったのは、一人で100件以上の懲戒請求をした事案が5例（5例の合計1899件）あったこと等による。
※2013年の新受事案が前年に引き続き3000件を超えたのは、一人で100件以上の懲戒請求をした事案が5例（5例の合計1701件）あったこと等による。
※2016年の新受事案が3000件を超えたのは、一人で100件以上の懲戒請求をした事案が5例（5例の合計1511件）あったこと等による。

（出典：日本弁護士連合会HP「懲戒請求事案集計報告（2016年）」
https://www.nichibenren.or.jp/library/ja/jfba_info/statistics/data/white_paper/2016/chokai_seikyu_2016.pdf）

この統計数によると、懲戒処分件数は、年々増加傾向にあるということができます。

Chapter 3 懲戒事例の分類と予防策

　Chapter 2で述べたとおり、懲戒処分事案件数は増加傾向にあり、常に適切な弁護活動を心がけ、懲戒処分の対象とならないように留意する必要があります。

　そこで、本章では、私たち弁護士が担当する法律業務を処理する過程において特に留意すべき点を時系列に沿って検討しました。以下では、最近の懲戒事例を題材に、法律業務を受任してから終了するまでの時系列に沿って、場面ごとの懲戒対策について整理しています。

1　受任方法型
2　弁護士報酬型
3　利益相反関係型
4　事件処理遅滞型
5　調査不足・技能不足型
6　相手方への過剰対応型
7　違法行為関与型
8　守秘義務違反型
9　委任契約精算型
10　非弁提携型

1　受任方法型

（1）懲戒事例

【処分の理由の要旨】
　被懲戒者は、懲戒請求者が1994年6月に地方自治体を依願退職したことに関して、2010年3月、懲戒請求者から、依願退職が真意に基づくものでは

ないとして復職を求める件について受任し、勝訴の可能性がないか、又は限りなく低いにもかかわらず、懲戒請求者の職員たる地位の確認と未払給与約1億6000万円の支払を求める調停及び訴訟を提起し、着手金として総額141万7500円、実費、出張日当等として159万5500円を受領した。

被懲戒者の上記各行為は、いずれも弁護士職務基本規程第21条及び24条に違反し、弁護士法第56条第1項に定める弁護士としての品位を失うべき非行に該当する。

【処分の内容】

戒告

出典:「自由と正義」2014年9月号

(2) 受任方法型の留意点

①　依頼の趣旨を明確にする
□　委任状・委任契約書に依頼の趣旨・範囲を記載する
②　依頼するかどうかは依頼者の判断に委ねる
□　自由意思に基づく依頼であることを記録する
③　依頼者の意思確認に留意する
□　依頼者の家族・知人が窓口となる場合に注意する

懲戒事例は、「勝訴の可能性がないか、又は限りなく低い」にもかかわらず、受任して提訴したことが、懲戒事由に該当すると判断されています。

ご紹介した事例は、受任する段階における依頼者とのトラブルが原因で、懲戒処分へと発展したものとなります。

このように、弁護士が法律業務を受任する段階において、懲戒処分へと発展することがないようにするためには、まず①依頼の趣旨を明確にする必要があります。

受任時において、依頼者が何を目的としているのか、また依頼者の目的に沿う弁護活動をするために私たち弁護士がどこまで対応すべきか、ということを可能な限り明確にしておくことが大切です。例えば、私たち弁護士としては交渉対応

までを考えていたにもかかわらず、依頼者としては交渉だけではなくその後の裁判手続まで当初の委任契約の範囲内で対応してくれるものと期待している場合が考えられます。このように、受任時において、受任した案件の結果の見通しや、受任の範囲について、弁護士と依頼者との間に認識のずれが生じるおそれは、決して否定することはできません。そこで、受任段階では、委任状や委任契約書には、担当弁護士の見通しや、担当弁護士が対応する範囲を、可能な限り明記しておくことが望ましいといえます。

　また、②依頼するかどうかは依頼者の判断に委ねる必要があります。

　受任する際には、依頼者の判断に委ねることとして、弁護士から積極的に依頼するよう促すことは控えることが望ましいといえます。そもそも弁護士が必要以上に依頼者に迎合して受任した場合、法律業務を遂行する過程において、依頼者が過度に「弁護士を使っている」という意識になると、本来弁護士が依頼者を諫めるべき場面等であっても、依頼者に物を言うことが難しくなってしまい、適切な業務を遂行することが困難になるおそれがあります。弁護士が担当する法律業務を適正に遂行するためには、弁護士と依頼者との間で信頼関係を維持しながら、二人三脚になって進めていく必要があります。依頼者も納得した上で弁護士に依頼してもらうためにも、弁護士から依頼するよう誘導するのではなく、依頼者自身が弁護士に依頼することを選択してもらうことが望ましいといえます。そして、依頼者が自由意思に基づいて依頼したということを明確にするために、委任状や委任契約書等を書面で取り交わすことは当然として、場合によっては依頼をするまで数日の検討期間を依頼者側に設定するということも必要です。

　さらに、③依頼者の意思確認に留意する必要があります。

　当然ですが、委任契約は依頼者本人と取り交わす必要があります。もっとも、依頼者が高齢であったり、遠隔地に居住したりしている場合には、連絡窓口が依頼者本人ではなく、その家族等、第三者ということもありえます。このように、依頼者本人ではなく第三者が連絡窓口というケースでは、依頼者側から担当案件の方針などについて回答があったとしても、本当に依頼者自身の意思といえるかどうかが問題となることがあります。依頼者本人の意志を確認せずに担当案件を進めていったりすれば、トラブルにも発展しかねません。このようなトラブルを防ぐためには依頼者本人に、誰が本件の連絡担当窓口となるのかということを、書面等で確認をとっておくことが無難といえます。

2 弁護士報酬型

(1) 懲戒事例

【処分の理由の要旨】
　被懲戒者は、2008年10月頃、懲戒請求者Aから、懲戒請求者Aが物上保証した懲戒請求者BのC有限会社に対する1200万円の債務の債務整理事件を受任したが、受任に当たり、弁護士報酬の説明をせず、委任契約書も作成しなかった。被懲戒者は、同月頃、C社との間で、弁済、担保抹消等に関する合意をし、懲戒請求者Aから預かり保管していた1300万円から弁済金1201万5000円及びその他の費用を控除し、弁護士報酬として、時間、労力、経済的利益等に比して高額な92万6600円を受領した。
　被懲戒者は、2009年10月頃、懲戒請求者A及び懲戒請求者Bから、上記懲戒請求者らのDに対する600万円の債務の債務整理事件を受任したが、受任に当たり、弁護士報酬の説明をせず、委任契約書も作成しなかった。被懲戒者は、同年11月ころ、Dとの間で支払済みの30万円を控除した元金570万円及びこれに対する年5％の利息を支払う旨をまとめたところで解任された。被懲戒者は、懲戒請求者Aから預かり保管していた984万7063円を返還するに当たり、弁護士報酬として、時間、労力、経済的利益等に比して高額な136万5000円を控除し、これを受領した。
　被懲戒者の上記各行為は、いずれも弁護士職務基本規程第24条、第29条及び第30条第1項に違反し、弁護士法第56条第1項に定める弁護士としての品位を失うべき非行に該当する。

【処分の内容】
　戒告

　　　　　　　　　　　　　　　出典：「自由と正義」2014年2月号

（2）弁護士報酬型の留意点

> ① **弁護士報酬算定根拠を明記する**
> □ 委任契約書を必ず作成する
> □ 委任契約書内に算定例を明記する
> ② **弁護士報酬が高額に過ぎないか留意する**
> □ 旧日本弁護士連合会弁護士報酬基準を参考にする
> □ 時間・労力・経済的利益等が判断基準となる
> ③ **弁護士報酬の発生時期を明記する**
> □ 訴訟終了時又は回収時等、発生時期を明記する
> □ 勝訴や回収の見込みの有無についても記載する

　懲戒事例では、委任契約書を作成していないということが問題として指摘されています。

　受任方法型における懲戒事例でもご紹介しましたが、委任契約書を作成していないということは、辞任方法としても問題があるほか、弁護士報酬の設定方法としても、依頼者のクレームにつながるおそれがあるといえます。

　依頼者との間で弁護士報酬を巡ってトラブルとならないようにするためには、①弁護士報酬の算定根拠を明記した委任契約書を必ず作成するにしましょう。また、委任契約書内には、具体的な弁護士報酬の算定例を明記しておいた方がより望ましいといえます。例えば、「解決金額が200万円の場合、報酬金は、解決金額の16％として32万円となる」いった記載です。

　また、②弁護士報酬が高額に過ぎると考えられる場合、懲戒事由に該当するおそれがあります。弁護士報酬を設定する際には、旧日本弁護士連合会弁護士報酬基準や、実際に要した時間や労力、経済的利益等が判断基準になるとする事例もありますのでご留意ください。

　さらに、③委任契約書を作成する際には、弁護士報酬の発生時期も明記するようにしましょう。例えば、報酬金については、訴訟終了時に発生するのか、又は実際に回収した時点で発生するのかによって、回収が困難な案件では結論が分かれることになります。場合によっては、勝訴の見込みだけではなく、回収の見込

みについても委任契約書に書いておいた方が、依頼者との間で認識のズレを防ぐことが期待できるといえます。

3　利益相反型

(1) 懲戒事例

> 【処分の理由の要旨】
> 　被懲戒者は、2012年1月16日、Aの相続人である懲戒請求者B、C及びDから相続についての相談を受け、懲戒請求者Bらの依頼に基づいて遺産分割協議書3通作成して交付した。その後、被懲戒者は、上記遺産分割協議書の作成に当たり問題となった未登記不動産の取扱いについて上記相続人間で再度紛争が生じたため、同年6月22日、C及びDの代理人として懲戒請求者Bを相手方とする遺産分割調停の申立てを行った。
> 　被懲戒者の上記行為は、弁護士法第56条第1項に定める弁護士としての品位を失うべき非行に該当する。
> 【処分の内容】
> 　戒告
>
> 　　　　　　　　　　　　　　　　　出典：「自由と正義」2015年11月号

(2) 利益相反型の留意点

> ① **共同事務所での管理体制に留意する**
> 　□　他の弁護士の相談・受任案件も管理できるシステムを構築する
> 　□　外部法律相談時の相談者も把握できるようにする
> ② **法律相談・委任契約終了後も距離を保つ**
> 　□　法律相談・委任契約終了後の元相談者・元依頼者との関係も慎重に対応する
> ③ **法人関係案件時の利益相反の範囲に留意する**

Part 5
懲戒手続における留意点

☐ 法人からの相談・依頼の際には、株主・役員・従業員との関係にも留意する

　懲戒事例では、対立する複数の当事者から法律相談を受けていた後に、一方当事者の案件を受任したということが問題とされています。
　このように複数の当事者から法律相談を受けた場合、法律相談を受けた時点では利害の対立が顕在化していなかったとしてもその後一方当事者から案件を受任した段階で、利害の対立が顕在化するということも少なくありません。後日利害の対立が発生することが予想されるような遺産分割事件や、不貞関係が疑われる慰謝料・離婚請求事件等については、法律相談に複数当事者がまとめて来ること自体、慎重に検討する必要があります。
　利益相反が問題となる場面としては、①共同事務所での案件の管理体制に留意する必要があります。
　利益相反に該当するかどうかは、担当する弁護士のみではなく同じ事務所に所属する他の弁護士についても対象となります。したがって、同一の事務所に所属する他の弁護士の相談・受任案件についても管理できるシステムを構築する必要があります。また、地方都市で弁護活動を行っている場合、弁護士会の法律相談や市役所等の外部の法律相談で担当した相談者についても、利益相反の対象ということになりますので、同一事務所に所属する、他の弁護士が外部の法律相談で担当した相談者の情報についても一元的に管理できるようにしておきましょう。
　さらに、②法律相談や委任契約が終了した後であっても、当該案件の当事者とは、距離を保っておくことが無難といえます。
　仮に新たに寄せられた相談内容が、以前に担当した法律相談や委任契約とは関係のない案件だったとしても、以前に担当した際に知り得た事実が関係する場合があり得ます（例えば、前件を担当した際に把握した当事者の家族関係や病歴等が、別件の交通事故事案や離婚事案等で関連する可能性がある場合等）。このような事案では、弁護士に対する信頼関係という観点から見て、新たに寄せられた相談を担当することが、本当に問題がないといえるかどうかは、慎重に検討する必要があるでしょう。
　また、③法人関係案件時には、会社との利益相反というだけではなく、株主や役員、従業員など、会社の構成員との関係でも利益相反関係がないと言えるかど

うかを検討する必要があります。
　例えば、会社の顧問弁護士として関与しているところ、会社の従業員が刑事事件を起こしてしまったために、当該従業員の刑事弁護を担当してほしいと相談されるようなケースでは、会社としては従業員に懲戒処分を課さなければならないこともあり得るため、会社と従業員の利害が対立するおそれがあります。

4　事件処理遅滞型

(1) 懲戒事例

【処分の理由の要旨】
　　被懲戒者は、2010年11月1日、懲戒請求者から交通事故に関する損害賠償請求事件を受任し、同月22日、懲戒請求者が加入する保険会社から着手金として10万5000円を受領したが、2011年12月9日まで訴訟を提起することなく事件の処理を放置した。被懲戒者は、同年2月8日、上記保険会社に対して訴訟を提起した旨を連絡し、あたかも訴訟手続が進行しているかのような内容を記載した同年9月6日付け報告書を送付した。被懲戒者は、同年10月19日及び同年12月7日、懲戒請求者に対し、捏造した虚偽の事件番号を記載した訴訟経過に関する報告書を送付した。
　　被懲戒者の上記行為は、弁護士法第56条第1項に定める弁護士としての品位を失うべき非行に該当する。
【処分の内容】
　　業務停止2月

　　　　　　　　　　　　　　　　　出典：「自由と正義」2013年10月号

（２）事件処理遅滞型の留意点

> ① **直ちに着手する**
> □ 着手することを最優先する
> □ 関係書類はその都度送付することで報告頻度を上げることができる
> ② **虚偽の報告はしない**
> □ 不作為から作為への過ちへ転嫁させない
> ③ **パラリーガル任せにしない**
> □ 弁護士にはパラリーガル・事務局員の監督責任がある

　懲戒事例では、委任事務を放置していただけではなく、その後に虚偽の報告をしたということが問題とされています。

　実務上、懲戒処分の中でも特に多い類型が、事件処理遅滞型となります。

　事件処理遅滞型に陥らないようにするためには、当然ですが①直ちに着手することが何よりも肝要といえます。

　依頼者からのクレームの多くは担当案件の内容よりも担当案件が進んでいないということが原因といえます。そこで、依頼者からのクレームを減らすためにも、まずは着手することを最優先とした上で、関係書類をその都度送付することで報告頻度を上げて、細かく進捗状況を伝えるように意識しましょう。

　また、事件処理が遅滞したとしても、②虚偽の報告は絶対にしてはなりません。事件処理の遅滞という、いわば不作為の過失から、虚偽の報告という作為の過ちへ転嫁させることは、一時しのぎでしかなく、結局は問題をより深刻化させることにほかなりません。

　そして、事件処理遅滞型に陥らないようにするために、③パラリーガル任せにしないということも大切な視点です。当然ですが、弁護士にはパラリーガル・事務局員の監督責任がありますので、パラリーガル等に案件処理を任せていたために事件処理が遅滞したということは、弁解にはなりません。

5　調査不足・技能不足型

(1) 懲戒事例

【処分の理由の要旨】
　被懲戒者は、2012年7月6日、株式会社である懲戒請求者が雇用していたAが運転する大型貨物自動車との交通事故で死亡したBの相続人Cの訴訟代理人として、懲戒請求者及びAを被告とする損害賠償請求訴訟を提起した。被懲戒者は、懲戒請求者の代表取締役やAらが事故直後Cに謝罪し、懲戒請求者が葬儀費用等を支払っていたにもかかわらず、専門家である弁護士としての立場で事実関係を調査、確認することを怠り、懲戒請求者に対し、同年8月2日付けで、懲戒請求者が一切謝罪せず被害弁償も保険会社任せにして一切しないという事実に反する記載及び訴訟において懲戒請求者が請求を認諾しなければ取引先に上記交通事故のことを触れ回るかのような記載をした文書を送付した。
　被懲戒者の上記行為は弁護士法第56条第1項に定める弁護士としての品位を失うべき非行に該当する。
【処分の内容】
戒告

出典：「自由と正義」2013年11月号

(2) 調査不足・技能不足型の留意点

① **未経験・高難易度の分野の依頼は慎重に検討する**
□ 常に経験豊富な弁護士と相談できる関係を構築する
② **能力・経験を過信しない**
□ 能力・経験があっても時間がなければ対応できない
③ **事実調査を怠らない**

□　依頼者、関係者の発言を盲信しない

　懲戒事例では必要な事実関係の調査確認を怠ったことが問題とされています。
　このほかにも、医療過誤による損害賠償請求事件を受任していながら、十分な調査対応をすることができず、懲戒処分となった事例もあります（「自由と正義」2015年2月号参照）。
　調査不足・技能不足型の懲戒に陥らないようにするためには、①未経験・高難易度の分野の依頼は慎重に検討する必要があります。
　未経験・高難易度の分野の場合、一人で調べて対応しようとしても、経験が不足しているために適切な弁護活動を提供することが困難なために、つい処理が後回しになったり、停滞したりするおそれがあります。未経験・高難易度の分野を担当するのであれば、常に経験豊富な弁護士と相談できる関係を構築しておくことが望ましいといえます。
　また、仮に経験のある分野であったとしても、②能力・経験を過信してはならないといえます。どのような分野の案件であっても、担当弁護士に能力・経験があったとしても、対応するだけの時間がなければ十分な対応をすることはできません。
　そして、ある程度の経験数や手持ち案件を抱えるようになると、つい慢心して必要な調査・検討を怠ってしまうおそれがありますが、③事実調査を怠ってはなりません。特に、案件を効率よく進めていこうとすると、つい依頼者や関係者の発言を鵜呑みにしてしまいがちですが、違和感を覚えたり、十分な裏付け資料がなかったりする場合には、依頼者や関係者の発言を盲信しないようにしましょう。

6　相手方への過剰対応型

(1) 懲戒事例

【処分の理由の要旨】
　被懲戒者は、離婚訴訟の当事者の代理人であったところ、2012年から2013年にかけて、準備書面及び反訴状において、相手方当事者である懲

戒請求者及びその代理人弁護士に対する恫喝又は威圧と受け取られてもやむを得ない表現、その人格を誹謗中傷する表現その他の不適切、不穏当な表現を行った。

　被懲戒者の上記行為は、弁護士法第56条第1項に定める弁護士としての品位を失うべき非行に該当する。

【処分の内容】
戒告

出典：「自由と正義」2015年8月号

（5）相手方への過剰対応型の留意点

① **依頼者の過剰な要求は断る**
☐ 依頼を受ける前に、どこまでができて、どこまでができないのかを明確に線引する
☐ 委任契約書の特約事項欄の活用も検討する
② **書面の表現は控えめにする**
☐ 準備書面等の過剰な表現は有害的記載事項になりうる
☐ 相手方を刺激することではなく、案件を解決することを目指す
③ **直接交渉は避ける**
☐ 相手方に代理人弁護士が選任されている場合には連絡窓口は代理人となる
☐ 複数案件が係属している場合、窓口対応は慎重に検討する

　懲戒事例では、準備書面等における表現が問題とされています。

　このほかにも、相手方にも代理人弁護士が選任されていながら、相手方代理人を無視して、直接相手方本人への通知書を送付したことが問題とされて、懲戒処分となった事例もあります（「自由と正義」2013年7月号）。

　相手方への過剰対応型が問題となるケースでは、背景には依頼者の過剰な要求を抑えることができていないことが考えられます。したがって、相手方への過剰

対応型に陥らないようにするためには、まず、①依頼者の過剰な要求は断ることが大切です。依頼を受ける前に、どこまでができて、どこまでができないのかを明確に線引するとともに、委任契約書の特約事項欄の活用を検討することも考えられます。

　また、依頼者の代理人として、依頼者に代わって準備書面等を作成しているとはいえ、違法行為や不相当な行為まで代わって行うことができるわけではありませんので、②書面の表現は控えめにするようにしましょう。そもそも、私たち弁護士が果たすべき役割は、紛争の解決であって、紛争を発生させたり、拡大させたりすることではありません。準備書面等の過剰な表現は、有害的記載事項にはなり得ても、紛争解決のための有益的記載事項にはなり得ません。相手方（場合によっては裁判所）を刺激することではなく、案件を解決することを目指して対応していくことを心がけましょう。

　そして、相手方にも代理人弁護士が選任されている場合には、③直接交渉は避けるようにしましょう。相手方に代理人弁護士が選任されている場合には連絡窓口は代理人となります。なお、依頼者と相手方との間に複数案件が係属している場合、ご自身が依頼者から受任している案件の範囲や、相手方代理人が担当している案件の範囲がどこまで及ぶかによって、個別の連絡担当窓口が代理人か、本人かが変わる可能性があるため、双方の受任範囲は事前に確認しておくようにしましょう。

7　違法行為関与型

（1）懲戒事例

【処分の理由の要旨】
　被懲戒者は、2011年7月21日、A協同組合の代理人として、債務者である懲戒請求者が所有するマンションの競売を申し立てたが、その頃、懲戒請求者の承諾を得た賃借人が上記マンションの価格を減少させるおそれのある大規模な改修工事を行っていた。そこで、A組合は、同月27日、立入禁止と記載したA組合、警察署及び被懲戒者の連名による貼り紙を上記マンション

に貼り付けることにした旨を被懲戒者に告げた。これに対し、被懲戒者は、警察署の承諾を得た旨のA組合の説明について事実確認を怠り、警察署の承諾がなかったにもかかわらず差し支えないとの回答をし、上記貼り紙が貼り出される結果を生じさせた。

　被懲戒者の上記行為は、弁護士法第56条第1項に定める弁護士としての品位を失うべき非行に該当する。

【処分の内容】
　戒告

出典：「自由と正義」2013年7月号

（2）違法行為関与型の留意点

① **依頼者の過剰な要求は断る**
□ 依頼を受ける前に、どこまでができて、どこまでができないのかを明確に線引する
□ 委任契約書の特約事項欄の活用も検討する
② **自ら違法行為をしない**
□ 預り金の横領、酒気帯び運転等は厳禁
③ **自力救済を促さない**
□ 相談者・依頼者が自力救済を行おうとする場合にはリスクを説明する

　懲戒事例では、自力救済を促すアドバイスをしたことが問題とされています。
　違法行為関与型が問題となるケースでも、背景には依頼者の過剰な要求を抑えることができていないことが考えられます。したがって、違法行為関与型に陥らないようにするためには、まず、①依頼者の過剰な要求は断ることが大切です。依頼を受ける前に、どこまでができて、どこまでができないのかを明確に線引するとともに、委任契約書の特約事項欄の活用も検討することも考えられます。
　また、当然ですが、代理人弁護士が、②自ら違法行為をしないことです。代理人弁護士自身が違法行為を犯してしまう事例としては、預り金の横領や、酒気帯び運転等の刑事事件を犯してしまうことが挙げられます。

さらに、上記懲戒事例のように、代理人弁護士として、依頼者本人が行うとしても、③自力救済を促すようなことはしてはなりません。仮に、相談者や依頼者が自力救済を行おうとする場合には、代理人弁護士として、そのリスクを説明した上で、自力救済を止めるように務める必要があります。

8 守秘義務違反型

(1) 懲戒事例

【処分の理由の要旨】
　被懲戒者は、懲戒請求者Ａらが宗教法人Ｂに対して提起した損害賠償請求訴訟において懲戒請求者Ａらの代理人を務めていたが、上記訴訟が終結した後の2011年1月31日に、懲戒請求者ＡらがＢ法人の信者Ｃを監禁したとしてＣから提起された損害賠償請求訴訟において、かつての依頼者である懲戒請求者Ａを敗訴させるためにＣに協力し、Ｂ法人に対する訴訟に関連して被懲戒者が職務上知った弁護団内部での討議内容等の秘密に該当する事実について、正当な事由なくして、被懲戒者の発言が記載されたルポライターであるＤ作成の陳述書及び被懲戒者作成の陳述書2通によって漏示した。
　被懲戒者の上記行為は、弁護士法第23条に違反し、同法第56条第1項に定める弁護士としての品位を失うべき非行に該当する。

【処分の内容】
戒告

　　　　　　　　　　　　　　　出典：「自由と正義」2017年4月号

(2) 守秘義務違反型の留意点

① 依頼者と紹介者等の関係を曖昧にしない
□ あくまでも依頼者から依頼を受けているのであって、紹介者等から依頼

を受けているわけではない
- ☐ 依頼者≠紹介者・親族
② **職務上請求の利用は慎重に行う**
- ☐ 個人情報、中でも戸籍謄本・住民票等の扱いには慎重を期す必要がある
- ☐ 請求書記載内容も事実と異なる記載をしてはならない
③ **個人情報の範囲に留意する**
- ☐ 個人情報保護の高まりを意識する

　懲戒事例では、以前の依頼者に関する情報を提供したことが問題とされた事例になります。

　弁護士は、法律相談や受任案件の対応を通じて、依頼者の秘匿性の高い情報に触れる機会が多々生じることになります。依頼者と対立する相手方に対して依頼者に関する情報を提供することが問題であることは理解しやすいと思いますが、特に注意しなければならないことは、紹介者や依頼者の親族等であっても、依頼者の情報を開示することは、守秘義務違反になるおそれがあるということです。弁護士は、依頼者から依頼を受けているのであって、紹介者や依頼者の親族等から依頼を受けているわけではないため、依頼者の情報を紹介者や依頼者の親族等に開示すると、依頼者から守秘義務違反を問われる可能性がありますので、①依頼者と紹介者の関係は曖昧にしないようにご留意ください。また、個人情報保護法の改正等にも現れているように、近時は個人情報への意識も高まっており、中でも戸籍謄本・住民票等の扱いには慎重を期す必要があります。弁護士業務との関係では、戸籍謄本や住民票等を取得するために職務上請求を利用することがありますが、不正確な請求理由等を記載した場合、懲戒対象となるおそれがありますので、②職務上請求の利用は慎重に行わなければなりません。

　さらに、前記のとおり、個人情報保護法の改正等により、③保護される個人情報の範囲も広がってきていますので、訴訟における主張・立証等で開示する情報にも問題はないか、慎重に検討する必要があります。

9　委任契約精算型

（1）懲戒事例

【処分の理由の要旨】
　被懲戒者は、2009年10月7日、懲戒請求者から着手金103万0050円及び実費預り金10万円を領収して、原告を懲戒請求者、被告を国とする損害賠償請求事件を受任し、訴状案を作成する等したが、訴訟提起が行われないまま、2014年7月4日頃、懲戒請求者の求めに応じて懲戒請求者から預かった資料を全て返却しており受任事件が終了したにもかかわらず、懲戒請求者に対し上記預り金の使途や清算の必要性の説明を行わず、2017年5月16日まで上記預り金の清算をしなかった。
　被懲戒者の上記行為は、弁護士法第56条第1項に定める弁護士としての品位を失うべき非行に該当する
【処分の内容】
　戒告

出典：「自由と正義」2017年11月号

（2）委任契約精算型の留意点

① **預り金の管理は明確化する**
□ 日弁連「預り金等の取扱いに関する規程」参照
② **委任契約書には必ず報酬金額を明記する**
□ 委任契約書自体がない、報酬金額に関する規程がない、などから、報酬金を巡る紛争が発生する
③ **預り金の清算は速やかに行う**
□ 委任契約終了後も理由なく預り金を返却しないことも問題となりうる

懲戒事例では、預り金の使途や清算の必要性の説明をしなかった上、精算までに長時間を要したことが問題とされています。

依頼を受けた案件は、依頼の目的を実現するにしても、また依頼の目的を実現できずに辞任するとしても、必ずどこかの時点で終了することになります。委任契約が終了した時点において、預り金を精算する場面が生じますが、その際に預り金を正確に精算することができなければ、トラブルへと発展するおそれがあります。そこで、まずは①預り金の管理は明確にしなければなりません。なお、預り金の管理にあたっては、日弁連の「預り金等の取扱いに関する規程」が参考となります。

また、預り金の精算に伴い、弁護士費用の取扱いも適切に行う必要があるため、②委任契約書には必ず報酬金額を明記しなければなりません。なお、上記懲戒事例以外でも、委任契約書自体がない、報酬金額に関する規程がない、などの理由から、報酬金を巡る紛争が発生し、さらには懲戒処分に発展してしまったケースもあります。

そして、委任契約を終了することとなった場合には、③預り金の清算は速やかに行う必要があります。上記懲戒事例のように、委任契約終了後も理由なく預り金を返却しないことも問題となり得ますのでご留意ください。

10 非弁提携型

(1) 懲戒事例

【処分の理由の要旨】

被懲戒者は、2007年、非弁活動を行っていた行政書士法人Aから依頼者の紹介を受けることを了解し、依頼者の紹介を受けるようになった。被懲戒者は、2011年4月22日に弁護士会非弁委員会から事情聴取を受け、非弁提携の可能性を指摘されたにもかかわらず、その後も2012年春までA法人から依頼者の紹介を受けた。

被懲戒者の上記行為は、弁護士職務基本規程第11条に違反し、弁護士法第56条第1項に定める弁護士としての品位を失うべき非行に該当する。

【処分の内容】
戒告

出典:「自由と正義」2013年10月号

（2）非弁提携型の留意点

① **依頼者・紹介者の身元を確認する**
□ 依頼者・紹介者がなぜ自分に相談に来るのか、ルートを確認する
② **提携の名目ではなく実態に注意する**
□ 「広告費名目」等での対価の支払いであっても問題となりうる
③ **事務所内部と外部を峻別する**
□ 紹介者が事務所内部に入り込もうとしたら特に注意を要する

　懲戒事例では、行政書士法人から依頼者の紹介を受けたことが、非弁提携に該当するとして問題とされた事例になります。
　どこからどこまでが非弁提携に該当するかどうかは、明確な線引きがしにくく、難しい問題です。
　私たち弁護士は、自分たちの存在を紹介されることで、相談者や依頼者と出会うきっかけとなることは少なくありません。紹介されることが非弁提携として問題とされるのであれば、受任の機会も制限されることにもなりかねません。
　もっとも、紹介先が、相談者や依頼者から紹介料等を受領したり、弁護士から紹介の見返りとしてキックバックを受領したりしている場合には、相談者や依頼者に不利益を転嫁し、非弁提携に該当することが考えられます。非弁提携に該当することになれば、相談者や依頼者に不利益を課すことになるため、回避しなければなりません。
　そこで、これまで特に接点がなかった第三者から紹介があるような場合には、まず①依頼者・紹介者の身元を確認するようにしましょう。依頼者・紹介者がなぜ自分に相談に来るのか、合理的な理由がなければ、まず違和感を覚えるはずです。

そして、紹介者が、相談者や依頼者を紹介しようとする際、何らかの形で金銭を要求する場合には、慎重に対応する必要があります。当然ですが、非弁提携を考えている紹介者が、自ら「非弁行為をする」、「非弁提携をしましょう」などと持ちかけてくることはありません。「広告費」名目等であったりすることもありますが、②提携の名目ではなく実態に注意しなければなりません。

　さらに、紹介者が、コンサルタント等の名目で事務所内部に入り込もうとしたら特に注意をしなければなりません。紹介者が事務所内部にまで出入りするようになってくれば、事務所の経営にまで関与するようになり、一層非弁提携関係を解消することができなくなるおそれがあります。③事務所内部と外部の峻別は徹底し、そもそも非弁提携が疑われるような者とは関係を断つようにしなければなりません。

索引

アルファベット

ADR ················· 54, 56, 71
FAX ························· 64

あ

相手方への過剰対応型 ········· 175

い

異議の申出 ················· 161
異議申立て ················· 148
移送申立て ················· 112
委任契約 ··················· 151
委任契約書 ··········· 41, 45, 46
委任契約精算型 ·············· 181
委任状 ······················ 41
違法行為関与型 ·············· 177

う

訴え提起前の照会 ············ 105
訴えの取下書 ················· 95
訴えの変更 ··················· 95

え

閲覧 ························ 97

か

解決 ······················· 149
戒告 ······················· 162
開始決定 ··················· 134

き

家事調停 ················· 54, 71
仮差押え ················· 54, 83
仮差押命令申立書 ············· 84
仮執行宣言 ············ 118, 123
仮処分 ··················· 54, 85
仮処分命令申立て ············· 87
仮処分命令申立書 ············· 87
仮の地位を定める（ための）仮処分
 ························ 79, 86
換価のための競売 ············ 129
鑑定事項書 ·················· 95
官報等による公告 ············ 162

き

期日請書 ··················· 109
期日報告書 ··············· 97, 98
擬制自白 ··················· 113
擬制陳述 ··················· 113
強制執行 ············ 128, 129, 130
強制執行・担保権の実行 ······ 129
強制執行停止 ·········· 118, 123
強制執行停止の申立て ········ 118
強制執行認諾条項 ············ 140
業務停止 ··················· 162
許可代理 ···················· 75
緊急性 ······················ 81

く

クリーンコピー ··············· 96

け

経済的利益 ··················· 45
係争物に関する仮処分 ······ 79, 85

傾聴→受容→共感 ············ 13, 14, 32
競売手続 ···················· 134
契約時説明書 ················· 46
契約リスク ····················· 3
欠席判決 ···················· 113
決定主義 ····················· 82
現況調査 ···················· 135
現況調査報告書 ················ 135
現地調査報告書 ················ 110
権利供託 ···················· 133

こ

綱紀委員会による調査 ··········· 161
公示送達 ···················· 110
控訴期間 ················· 116, 118
控訴状 ··················· 95, 118
控訴審 ······················ 117
控訴審裁判所 ················· 118
控訴答弁書 ··················· 119
控訴人 ······················ 118
控訴理由書 ··················· 118
口頭弁論調書 ·················· 98

さ

債権執行手続 ················· 131
債権者面接 ···················· 85
債務者の財産開示 ··············· 129
債務不存在確認訴訟等 ············· 59
差押え ·················· 133, 135
差押命令 ···················· 132
暫定性 ······················· 81
3点セット ··················· 135

し

時機に後れた攻撃防御方法 ········· 94
時系列表 ····················· 28
事件処理遅滞型 ················ 172
示談交渉 ·············· 54, 56, 60
自庁処理 ····················· 75
自庁処理の上申書 ··············· 75
辞任 ··················· 149, 152
自由と正義 ··················· 162
収入印紙 ···················· 128
受任方法型 ··················· 165
守秘義務違反型 ················ 179
準備書面 ··············· 94, 95, 98
証拠 ························ 96
上告受理申立て ············ 121, 123
上告状 ······················ 95
上告審 ··················· 122, 124
上告提起 ················ 121, 123
上告人 ······················ 123
上告理由書 ···················· 95
証拠調べ期日 ·················· 114
証拠調べ調書 ··················· 98
証拠説明書 ················· 95, 98
証拠保全 ···················· 104
証拠申出書 ················· 98, 115
証人等目録 ···················· 98
書証添付の訳文 ················· 95
書証の写し ················· 95, 98
書証目録 ····················· 98
処分禁止の仮処分 ··············· 86
除名 ······················ 163
所有権留保 ··················· 139
審尋 ························ 82

尋問事項書	95, 115	担保権の実行手続	130
		担保権の実行としての競売	129
		担保不動産収益執行	137

せ

占有移転禁止の仮処分	85
戦略法務	7, 92

そ

送達	109
送達場所	105
送達報告書	98
相談カード	28
双方審尋	88
即時抗告	148
訴訟	55, 57
訴状	95, 98
訴訟記録	97
訴訟告知書	95
訴訟代理権を証する委任状	98
訴訟の告知	105
訴訟の提起	107
訴訟費用	143
訴訟費用額確定処分	128, 143
訴訟費用額確定処分の申立て	128
訴訟リスク	3
疎明	79, 82, 89

た

第1回口頭弁論期日	113
第一審	101
退会命令	163
第三者供託の許可に関する上申書	118
担保金	85, 89
担保決定	85

ち

中途解約	149, 151
懲戒委員会による審査	161
懲戒請求権者	159
懲戒制度	157
調査不足・技能不足型	174
調書判決	113
調停	54, 56, 71
調停委員会	74
調停前置主義	54
調停に代わる決定	77
調停の成立	77
調停の不成立	78
調停申立書	75
陳述催告の申立て	132
陳述書	114

つ

追加契約	153

て

電話	63
電話会議システム	112

と

当局リスク	3
動産競売による方法	139, 140
動産売買先取特権	139
謄写	97

答弁書‥‥‥‥‥‥‥‥‥ 95, 98, 113
特殊保全‥‥‥‥‥‥‥‥‥‥‥ 79
独立当事者参加申出書‥‥‥‥‥ 95
取立て‥‥‥‥‥‥‥‥‥‥‥ 133

な

内容証明郵便‥‥‥‥‥‥‥‥ 65

に

入札‥‥‥‥‥‥‥‥‥‥‥ 136

は

売却基準価額の決定‥‥‥‥‥ 135
売却のための保全処分‥‥‥‥ 135
敗訴リスク‥‥‥‥‥‥‥‥‥ 4
配達証明‥‥‥‥‥‥‥‥‥‥ 65
配当‥‥‥‥‥‥‥‥‥‥‥ 136
破棄差戻し判決‥‥‥‥‥‥ 125
破棄自判の判決‥‥‥‥‥‥ 125
判決‥‥‥‥‥‥‥ 116, 121, 124
判決書‥‥‥‥‥‥‥‥‥‥‥ 98
反訴状‥‥‥‥‥‥‥‥‥‥‥ 95

ひ

引渡命令‥‥‥‥‥‥‥‥‥ 136
被控訴人側‥‥‥‥‥‥‥‥ 119
被上告人‥‥‥‥‥‥‥‥‥ 123
非弁提携型‥‥‥‥‥‥‥‥ 182
被保全権利‥‥‥‥‥‥‥‥‥ 83
評価書‥‥‥‥‥‥‥‥‥‥ 135
費用計算書‥‥‥‥‥‥‥‥ 144

ふ

付随性‥‥‥‥‥‥‥‥‥‥‥ 81
附帯控訴‥‥‥‥‥‥‥‥‥ 119
附帯上告‥‥‥‥‥‥‥‥‥ 123
附帯上告受理申立て‥‥‥‥ 123
普通郵便‥‥‥‥‥‥‥‥‥‥ 64
物件明細書‥‥‥‥‥‥‥‥ 136
物上代位による方法‥‥‥ 139, 140
不動産強制競売‥‥‥‥‥‥ 134
不動産執行手続の流れ‥‥‥ 134
不動産の引渡し‥‥‥‥‥‥ 136
文書送付嘱託‥‥‥‥‥‥‥ 114
文書提出命令‥‥‥‥‥‥‥ 114
紛争解決方法‥‥‥‥‥‥ 53, 55

へ

弁護士会照会‥‥‥‥‥‥‥ 103
弁護士職務基本規程‥‥‥‥‥ 93
弁護士の報酬請求権‥‥‥‥ 152
弁護士法‥‥‥‥‥‥‥‥‥ 158
弁護士報酬型‥‥‥‥‥‥‥ 168
弁護士倫理‥‥‥‥‥‥‥‥‥ 93
弁論準備期日‥‥‥‥‥‥‥ 114
弁論準備手続調書‥‥‥‥‥‥ 98

ほ

報告・連絡・相談‥‥‥‥ 13, 15
法人の代表者の資格を証する書面‥ 98
法定担保物権‥‥‥‥‥‥‥ 139
法的リスク‥‥‥‥‥‥‥‥‥ 3
法令リスク‥‥‥‥‥‥‥‥‥ 3
保証金‥‥‥‥‥‥‥‥‥‥ 136
補助参加申出書‥‥‥‥‥‥‥ 95

補正等……109
保全処分……79

み

密行性……79, 81, 89
見積書……46
未払賃金の先取特権……141
身分証明書……30
民事執行……129
民事調停……54, 71, 74
民事調停の管轄……75
民事保全……54, 57, 79, 89

め

メール……64
面談……63

や

約定担保物権……139

よ

予納郵券……128, 144
予防法務……7, 92

り

利益相反型……170
利害関係人……76
臨床法務……7, 92

れ

レピュテーショナルリスク……4

わ

和解……115, 121, 124
和解期日調書……98
和解等……88
和解・放棄・認諾調書……98

【著者プロフィール】

長瀬　佑志（ながせ・ゆうし）

弁護士（61期）、弁護士法人長瀬総合法律事務所代表。2006年東京大学法学部卒。2006年司法試験合格。2008年西村あさひ法律事務所入所。2009年水戸翔合同法律事務所入所。2013年長瀬総合法律事務所設立。中小企業を中心に多数の顧問に就任し、会社法関係、法人設立、労働問題、債権回収等、企業法務案件を多数経験している。

『現役法務と顧問弁護士が書いた 契約実務ハンドブック』（日本能率協会マネジメントセンター、2017年）、『弁護士経営ノート 法律事務所のための報酬獲得力の強化書』（レクシスネクシス・ジャパン、2015年）（いずれも共著）ほか。

長瀬　威志（ながせ・たけし）

弁護士（62期）、ニューヨーク州弁護士。2005年東京大学法学部卒。2007年司法試験合格。2009年アンダーソン・毛利・友常法律事務所入所。2013年金融庁総務企画局企業開示課出向。2014年米国University of Pennsylvania Law School留学（LL.M.,Wharton Business and Law Certificate）。2015年～2017年国内大手証券会社法務部出向。国内外の大企業の案件に係る契約書作成等の企業法務全般を始め、フィンテック、ファイナンス、レギュラトリー、各国競争法、M&A、危機管理・不祥事対応、知的財産案件等を多数経験している。

『現役法務と顧問弁護士が書いた 契約実務ハンドブック』（日本能率協会マネジメントセンター、2017年）、「上場企業の資金調達の円滑化に向けた施策に伴う開示ガイドライン等の改正―「勧誘」に該当しない行為の明確化および特に周知性の高い者による届出の待機期間の撤廃―」（旬刊商事法務2014年10月25日号〔No.2046〕）（いずれも共著）ほか。

母壁　明日香（ははかべ・あすか）

弁護士（69期）、弁護士法人長瀬総合法律事務所所属。2011年日本大学法学部卒。2013年立教大学法科大学院修了（首席）。
2015年司法試験合格。2016年弁護士法人長瀬総合法律事務所入所。2017年社会保険労務士登録。労務問題を中心に企業法務案件に日々携わっている。

三名の共著として、『新版 若手弁護士のための初動対応の実務』『現役法務と顧問弁護士が実践している ビジネス契約書の読み方・書き方・直し方』（いずれも日本能率協会マネジメントセンター、2017年）がある。

本書は、法律的またはその他のアドバイスの提供を目的としたものではありません。当社および著者は本書の記載内容（第三者から提供された情報を含む）の正確性、妥当性の確保に努めておりますが、それらについて何ら保証するものではなく、本書の記載内容の利用によって利用者等に何らかの損害が生じた場合にも、一切の責任を負うものではありません。

若手弁護士のための
民事弁護 初動対応の実務

2018年6月30日　　初版第1刷発行

著　者——長瀨 佑志・長瀨 威志・母壁 明日香
　　　　　©2018 Yushi Nagase, Takeshi Nagase, Asuka Hahakabe
発行者——長谷川 隆
発行所——日本能率協会マネジメントセンター
〒103-6009 東京都中央区日本橋2-7-1 東京日本橋タワー
TEL 03（6362）4339（編集）／03（6362）4558（販売）
FAX 03（3272）8128（編集）／03（3272）8127（販売）
http://www.jmam.co.jp/

装　　丁——菊池 祐（株式会社ライラック）
本文DTP——株式会社明昌堂
印　刷　所——広研印刷株式会社
製　本　所——株式会社三森製本所

本書の内容の一部または全部を無断で複写複製（コピー）することは、
法律で認められた場合を除き、著作者および出版者の権利の侵害となりますので、
あらかじめ小社あて許諾を求めてください。

ISBN 978-4-8207-2676-0 C3032
落丁・乱丁はおとりかえします。
PRINTED IN JAPAN

JMAMの本

部門担当者もケースでわかる
企業法務ハンドブック

みらい総合法律事務所　著
A5判392頁

「企業法務のための救急箱」として、部門別によく起こりがちなインシデントを漏れなく取り上げ、その問題発生時の初動対応に備えることができます。まず「どう対処」「何を理解」すべきか相談したいときに必読の1冊です。

エンジニア・知財担当者のための
特許の取り方・守り方・活かし方

岩永利彦　著
A5判264頁

元東証一部上場企業のエンジニア・知財担当者である現役弁護士・弁理士が書いた「特許実務の教科書」です。技術のプロであるエンジニアのみならず知財担当者にとっても、戦略的な特許の実践・対応に備えることができる1冊です。

JMAMの本

現役法務と顧問弁護士が書いた
契約実務ハンドブック

長瀬佑志・長瀬威志 著
A5判376頁

「契約準備→交渉→トラブル発生→解決」の各段階ごとに整理された契約の教科書です。チェックリスト、相談メモ・法律意見書・メモランダム・メール回答・各種契約書のサンプル、法務担当者の実務コラムも充実しています。

元商社ベテラン法務マンが書いた
英文契約書ハンドブック

宮田正樹 著
A5判368頁

営業経験豊富な元法務部長が「現場で使える」英文契約の基本と実務、海外取引に必須の貿易実務を解説。モデル契約書を一式収録。対訳と実用的なコメント付き。法務担当・海外営業・輸出入業・調達担当必読の1冊です。

JMAMの本

新版
若手弁護士のための初動対応の実務

長瀬佑志・長瀬威志・母壁明日香 著
A5判504頁

初めてのケースや急な依頼を受けたときに、弁護士として「そもそも最初に何をすればよいのか」、全7分野×7つのポイントを整理。事案別の「相談カード」、ホワイトボードを使用した「法律相談の型」を掲載。分野別推薦書籍100選付き。

現役法務と顧問弁護士が実践している
ビジネス契約書の読み方・書き方・直し方

長瀬佑志・長瀬威志・母壁明日香 著
A5判520頁

改正民法に対応した契約の実践書。実務上ニーズの高い契約を収録。取引に応じた雛形の変更例を提示。条項ごとの重要度、チェックポイント、交渉上の落としどころを丁寧に解説しています。最新書式ダウンロードサービス付き。